성장을 위한 교회생활

CMI 지도자훈련 _ 기본 1
성장을 위한 교회생활

초판 1쇄 인쇄 2015년 7월 1일
초판 1쇄 발행 2015년 7월 9일

지은이 박동찬
펴낸이 이 철
펴낸곳 C M I
편집인 박동찬
등록 제300-2014-155호
주소 110-730 서울특별시 종로구 세종대로 149 감리회관 13층
전화 (02)399_3959 (대표)
팩스 (02)399_3940
홈페이지 www.cmi.ne.kr

기획편집 장이려
디자인 하늘공작소(02_416_3076)

ⓒ 속회연구원
ISBN 979-11-954307-3-4 03230

- 이 책은 저작권법에 따라 보호받는 저작물이므로 무단전재와 무단복제를 금지하며, 이 책의 전부 또는 일부를 이용하려면 CMI출판사의 서면 동의를 받아야 합니다.
- 잘못된 책은 구입한 서점에서 교환하여 드립니다.

CMI 지도자훈련 _ 기본 1

성장을 위한 교회생활

박 동 찬 지음

추천사

　오늘까지 한국 감리교회의 대성장은 감리교회의 뿌리인 속회의 활성화를 통하여 이루어졌다고 해도 과언이 아닙니다. 속회는 교회 안의 작은 교회입니다. 그렇기 때문에 교회의 부흥과 성장은 속회가 활성화되어야 한다는 것을 많은 목회자들과 성도들이 잘 알고 있고, 또한 그렇게 되기위해 많은 노력을 기울이고 있습니다. 그러나 지도자가 무엇을 가르치고 지도해야할지, 그 내용과 그에 따른 행동이 수반되고 뒷받침 되지 않으면 안됩니다. 지도자가 올바로 세워지지 않으면 속회가 활성화될 수 없고 형식적인 속회가 되기 쉽습니다.

　이런 배경에서 올바른 속회 문화를 선도하기 위하여 속회연구원에서 속회 및 교회 지도자를 위한 훈련 교재인 '성장을 위한 교회생활'이라는 교재를 처음으로 출판하게 되었습니다. 이 교재는 지도자로서 뿐만아니라 성도로서 꼭 알아야할 것들을 잘 정리하여 기록하였습니다. 또한 어떻게 교회 생활에 잘 적응할 수 있는지를 먼저 배우고 또한 가르칠 수 있도록, 체계적으로 지도할 수 있도록, 준비된 책입니다. 이 교재가 출판되기까지 기도하며 집필하신 박동찬 목사님과 속회연구원의 이철 이사장님을 비롯한 많은 이사분들의 노고를 치하합니다.

이 교재를 통해 개 교회의 성도들과 속회지도자들 개인의 신앙이 바로 세워지고 성장하게 되기를 바라며, 또 올바로 가르치고 지도하는 일에 열심을 내어 개교회와 감리교회의 성장과 부흥에 초석이 되기를 기대합니다. 감리교회의 뿌리는 속회입니다. 건강한 속회를 통해 더욱 건강한 감리교회가 세워지기를 기도합니다.

_ 전 용 재 기독교대한감리회 감독회장

추천사

「성장을 위한 교회생활」을
여러분 모두에게 추천합니다.

우리 주 예수 그리스도의 은혜와 평강이 이 책을 읽게 되시는 모든 독자(讀者) 여러분들과 항상 함께 하시기를 기원합니다. 이 책을 쓰신 박동찬 목사께서는 감리교회의 중진목사로서 교단적으로 감리교속회연구원 원장(院長)으로 활동할 뿐만 아니라 일산광림교회를 담임하셔서 훌륭하게 목회를 하시는 감리교단의 보배와 같은 분이며 감리교회의 자랑인 분이십니다.

이번에 박 목사께서 감리교속회연구원을 통하여 교회의 지도자 훈련 기본과정의 첫 단계로 「성장을 위한 교회생활」이라는 제목의 교회 지도자 양성을 위한 교재를 출판하게 된 것을 정말 기쁘게 생각합니다.

모두 10장으로 구성이 되어 있는 이 책은 감리교회의 평신도 지도자들이 반드시 알아야 할 내용들로 구성되어있습니다. 구원, 교회, 예배, 성경, 기도, 성도의 교재, 전도, 헌금, 속회, 그리고 마지막으로 교회 같지만 교회가 아닌 곳, 이단(異端)의 문제를 다루고 있습니다. 이러한 주제들은 그리스도인으로 신앙생활을 하는 사람이라면 모두 아는 쉬운 내용 같지만 사실은 평소에 간과(看過)하기 쉬운 주제들입니다.

독자들은 이 책을 통하여 저자의 담임목회자로서 또한 학자목사로서 그동안의 경험과 학문을 포함하여 자신의 영성의 깊이가 묻어나는 글로 채우고 있음을 쉽게 알 수 있을 것입니다. 특별히 모든 주제들은 우리와 친숙한 성경 구절들을 인용하여 설명하기 때문에 독자들은 특별한 저항(抵抗)이 없이도 쉽게 받아들일 수 있을 것입니다. 그렇기 때문에 독자들은 감리교인으로서의 올바른 신앙인 또한 바른 지도자의 교회 생활은 어떤 모습으로 해야 하는가 하는 것을 근거(根據)가 되는 해당 성경구절들과 더불어 쉽게 공부할 수 있게 될 것입니다.

　　이 책이 많은 사람들에게 읽혀져서 감리교단이 영적으로 더욱 성숙하는데 도움이 되기를 기도합니다. 특별히 이 책을 발간하기에 수고를 아끼지 아니하시는 속회연구원 모든 목사님들과 실무를 맡아 수고하시는 장이려 목사께 마음 깊이 감사드립니다. 감리교회 교인된 여러분 모두를 사랑합니다.

_ 김 낙 환 　기독교대한감리회 교육국 총무

프롤로그

　대부분의 현대인들은 합리적인 세계관과 가치관을 가지고 바쁘게 살아갑니다. 그러다보니 언젠가부터 열심히 신앙생활 하는 사람들이 시대착오적이거나 비이성적인 것으로 취급당하게 되었습니다. 그러나 그럼에도 불구하고 신앙생활은 성도에게 있어 포기할 수 없는 삶입니다.

　'신앙생활'이란 교회에 출석하는 것이나 식사 전에 기도하는 것과 같은 단순한 종교적 의식이나 행위만을 의미하지 않습니다. '신앙생활'이란 '하나님의 인도하심에 따라', '하나님과 함께' 인생을 살아가는 영적인 삶을 의미합니다. 하나님은 우리의 눈에 보이지 않습니다. 그러나 하나님은 분명히 살아계십니다. 부모님의 사랑, 공기, 생각 등과 같이 우리 눈에 보이지 않지만 존재하는 것들처럼 말입니다. 우리는 신앙생활을 통하여 과학으로는 납득할 수 없는 '영적인 일'들을 경험하고, 이 과정에서 우리의 신앙은 더욱 성장하게 됩니다.

　성도의 신앙생활은 실제의 삶 속에서 이루어집니다. 그렇기 때문에 개인적인 신앙생활과 공적인 신앙생활 모두에서 최선을 다해야 합니다. 영과 진리로 예배하며, 말씀을 배우고 묵상함으로써 믿음 위에 든든히 서야 합니다. 또한 기도로 하나님과 대화해야 합니다. 살아계신 하나님과 대화하면서 성도들은 하나님의 뜻을 이해하게 되고, 더 나아가 삶 속에서 하나님의 도우심을 경험하고 기적도 체험하게 됩니다.

　우리는 죄의 문제들을 떨쳐버리려고 노력하지만 우리의 마음 속에 여전히 머물러 있는 것을 보게 됩니다. 죄는 자신의 노력이나 행함으로 해결될 수 있는 것이 아니므로 인간은 죄의 문제에서 결코 자유롭지 못합니다. 신앙생활을 통해 죄의 문제가 무엇인지 알게 되고, 또 죄로부터의 구원이 무엇인지를 분명하게 알게 될 것입니다. 결국 성도들은 죄를 멀리하고 그리스도를 닮아가는 삶을 살아가게 됩니다.

신앙생활에 첫발을 내딛은 새신자라면 주일 예배부터 시작하십시오. 예배를 드릴 때에 믿음의 눈이 열리고 하나님의 도우심을 경험하게 될 것입니다. 그리고 점차로 속회와 성경공부, 기도회에 참여한다면 신앙은 날이 갈수록 풍성해질 것입니다. 인생에 대한 직관력과 통찰력이 풍부해지고, 인생의 진정한 의미와 가치를 깨닫게 될 것입니다. 그 결과 성도는 믿지 않는 사람들과는 확연히 다른 수준 높은 삶을 살아가게 됩니다.

우리의 역사를 보면, 초대 대통령 이승만 박사, 민족 지도자 김구 선생, 서재필 박사와 도산 안창호 선생 등 지도자로 영향력을 끼치며 살아갔던 신앙인들이 많이 있습니다. 그들은 예수님의 가르침과 기독교의 정신을 배우면서 비전을 세워 사람들을 선도하였고, 결국 민족을 이끌어 가는 지도자의 삶을 살아왔습니다. 이는 신앙생활을 통해 개인적 삶이 향상될 뿐 아니라, 세상에 영향력을 끼치는 지도자의 삶을 살 수 있음을 보여주는 것입니다.

모든 사람에게 인생은 단 한 번 주어집니다. 사람들은 후회 없는 삶을 살려고 나름대로 계획과 목표를 세우고 더 열심히 살아갑니다. 하나님의 말씀을 따라 신앙생활을 하는 성도들은 가장 중요한 가치를 알기에 후회 없는 삶을 살게 되며, 감사가 넘치게 될 것입니다.

"세상에서 제일 좋은 것은 하나님이 우리와 함께 계시는 것이다."
(The best of all is, Good is with us.)
- John Wesley

바른교회 바른 신앙인을 꿈꾸며

_ 박 동 찬

일러두기

생각하기

내용에 들어가기 전, 주제에 대해 먼저 생각하며 간단히 적어보고 서로 나누어보세요. 그리고 그 과의 내용을 다 읽거나 연구한 후, 다시 처음으로 돌아와 이 질문에 대해 생각을 정리하며, 처음의 생각과 같고 다른 점이 무엇인지 정리한다면 많은 도움이 될 것입니다.

( ) 괄호

괄호는 주로 성경 구절의 주제를 정리하는데 도움이 되도록 만들어 두었습니다. 정답을 그 페이지 아래에 두었습니다.

Tip

내용 전개과정에서 흐름에는 약간 방해가 되지만, 들어가면 많은 도움이 될 만한 내용을 Tip으로 처리해 설명하였습니다.

Q&A

중간 중간 내용을 간단히 정리하는 의미에서 Q&A를 두었습니다. 이 질문에 답하는 것으로만 그치지 마시고 답이 아닌 것은 왜 아닌지, 그 외에 어떤 것이 답이 될 수 있는지 등의 생각을 덧붙인다면 내용을 이해하고 기억하는데 많은 도움이 될 것입니다. 답은 박스 안 하단에 거꾸로 두었습니다.

나눔

그 과의 내용을 연구하면서 함께 나누면 좋겠다는 질문을 담았습니다. 이 외에도 연구하는 가운데 스스로 또는 함께 더 시의적절한 새로운 질문을 만들어 나누시면 더 도움이 될 것입니다. 나눔에 대한 답은 제시하지 않았습니다.

Chapter 01 구 원
- 우리와 친밀히 관계하시는 하나님
- 하나님과 우리의 어긋난 관계
- 하나님과 우리의 회복된 관계
- 구원받은 삶의 모습
- 구원받은 성도의 의식

15

Chapter 02 교 회
- 교회가 지닌 여러 가지 의미들
- 교회는 어떻게 시작되었을까요?
- 교회를 이루는 두 가지 영적 기초는 무엇일까요?
- 교회에서는 무엇을 합니까?

29

Chapter 03 예 배
- 예배는 무엇일까요?
- 예배의 마음가짐
- 바른 예배를 위한 구체적인 실천 사항
- 예배를 드릴 때 얻는 좋은 점

45

Chapter 04 성 경
- 성경을 아십니까?
- 성경이 왜 필요할까요?
- 말씀을 어떻게 읽어야 할까요?
- 말씀을 읽으면 어떤 좋은 점이 있을까요?

57

Chapter 05 기 도
- 기도는 무엇일까요?
- 우리는 왜 기도할까요?
- 기도는 어떻게 할까요?
- 기도할 때 주의해야 할 점

75

Chapter 06 성도의 교제

성도의 교제란 무엇인가요?
같이 모여서 교제해야 하는 이유는 무엇일까요?
성도의 교제는 어떻게 해야 할까요?
성도의 교제를 하면 어떤 점이 좋을까요?

91

Chapter 07 전 도

전도란 무엇일까요?
나는 이미 구원받았는데, 왜 전도하나요?
전도하고 싶은데, 어떻게 하면 될까요?
전도를 하면 어떤 일이 일어날까요?

109

Chapter 08 헌 금

헌금이란 무엇일까요?
돈이 없는데도 헌금을 해야 할까요?
헌금은 어떤 마음으로 드려야 할까요?
헌금의 열매는 무엇일까요?

127

Chapter 09 속 회

속회란 무엇일까요?
예배만 잘 드리면 되지, 속회를 꼭 해야 하나요?
우리가 기억해야 할 속회의 특징은 무엇일까요?

145

Chapter 10 교회 같지만 교회가 아닌 곳

이단(異端)은 무엇일까요?
이단(異端)의 종류
이단(異端)은 왜 위험할까요?
이단(異端)에 빠지지 않으려면 어떻게 해야 하나요?

157

Chapter 01

구 원

생각하기

구원이란 무엇일까요?

_____

_____

구원이 왜 필요할까요?

_____

_____

　예수님께서는 십자가에서 고난과 죽임을 당하시고 부활하심으로 모든 사람들에게 영생의 길을 열어주셨습니다. 이를 믿음으로 받아들이고 예수님을 나의 주님으로 영접하는 것이 구원받는 길입니다. 신앙생활은 이러한 '구원'으로부터 시작됩니다.

　그런데 이 '구원을 하나님과 끊어진 관계를 회복하는 것'이라고도 합니다. 도대체 하나님과 우리는 어떤 관계였기에 회복이 필요했던 걸까요? 그리고 하나님은 어떤 분이실까요?

우리와 친밀히 관계하시는 하나님

우리를 창조하신 하나님

하나님께서는 우리들을 '하나님의 형상을 따라', 그리고 '하나님의 영광을 위해' 창조해 주셨습니다.

창세기 1:27-28 하나님의 (①   )을 따라
27. 하나님이 자기 형상 곧 하나님의 형상대로 사람을 창조하시되 남자와 여자를 창조하시고 28. 하나님이 그들에게 복을 주시며 하나님이 그들에게 이르시되 생육하고 번성하여 땅에 충만하라, 땅을 정복하라, 바다의 물고기와 하늘의 새와 땅에 움직이는 모든 생물을 다스리라 하시니라

이사야 43:7 하나님의 (②   )을 위해
내 이름으로 불려지는 모든 자 곧 내가 내 영광을 위하여 창조한 자를 오게 하라 그를 내가 지었고 그를 내가 만들었느니라

복의 근원이신 하나님

하나님은 복의 근원이십니다. 야고보서에서는 우리가 사모하는 각양 좋은 은사와 온전한 선물들이 아버지 하나님으로부터 내려온다고 증거합니다. 그렇기 때문에 행복한 삶을 살기를 원한다면 반드시 하나님 안에 거해야 합니다.

야고보서 1:17 하나님으로부터 오는 (③   )
온갖 좋은 은사와 온전한 선물이 다 위로부터 빛들의 아버지께로부터 내려오나니 그는 변함도 없으시고 회전하는 그림자도 없으시니라

■ 정답 : ① 형상 ② 영광 ③ 선물

보이지 않지만 존재하는 하나님

현대인들은 하나님이 보이지 않는다는 이유로 하나님의 존재자체를 부정합니다. 그러나 그것은 어리석은 일입니다. 왜냐하면 우리의 삶에는 부모님의 사랑, 공기, 생각 등과 같이 우리 눈에 보이지 않지만 존재하는 것들이 많이 있기 때문입니다.

실제로 하나님은 우리의 눈에 보이지 않습니다. 그러나 하나님은 분명히 살아계십니다. 왜냐하면 우리는 예배와 기도, 믿음의 삶을 통해서 살아계신 하나님을 체험하고 있으며, 성경을 통하여 하나님을 체험하며 살았던 믿음의 사람들을 만나고 있기 때문입니다.

출애굽기 3:12 （① 　　　　）
하나님이 이르시되 내가 반드시 너와 함께 있으리라 네가 그 백성을 애굽에서 인도하여 낸 후에 너희가 이 산에서 하나님을 섬기리니 이것이 내가 너를 보낸 증거니라

신명기 31:23 （② 　　　　　　）
여호와께서 또 눈의 아들 여호수아에게 명령하여 이르시되 너는 이스라엘 자손들을 인도하여 내가 그들에게 맹세한 땅으로 들어가게 하리니 강하고 담대하라 내가 너와 함께 하리라 하시니라

사사기 6:12 （③ 　　　　）
여호와의 사자가 기드온에게 나타나 이르되 큰 용사여 여호와께서 너와 함께 계시도다

시편 23:1-6 （④ 　　　）
1. 여호와는 나의 목자시니 내게 부족함이 없으리로다 2. 그가 나를 푸른 풀밭에 누이시며 쉴 만한 물 가로 인도하시는도다 3. 내 영혼을 소생시키시고 자기 이름을 위하여 의의 길로 인도하시는도다 4. 내가 사망의 음침한 골짜기로 다닐지라도 해를 두려워하지 않을 것은 주께서 나와 함께 하심이라 주의 지팡이와 막대기가 나를

▎정답 : ① 모세 ② 여호수아 ③ 기드온 ④ 다윗   구원 17

안위하시나이다 5. 주께서 내 원수의 목전에서 내게 상을 차려 주시고 기름을 내 머리에 부으셨으니 내 잔이 넘치나이다 6. 내 평생에 선하심과 인자하심이 반드시 나를 따르리니 내가 여호와의 집에 영원히 살리로다

이사야 41:10 (①   )
두려워하지 말라 내가 너와 함께 함이라 놀라지 말라 나는 네 하나님이 됨이라 내가 너를 굳세게 하리라 참으로 너를 도와 주리라 참으로 나의 의로운 오른손으로 너를 붙들리라

우리를 부르시는 하나님

우주를 창조하신 하나님께서 티끌보다 작은 '나'를 알고 계신다는 것이나, 또 '나'를 부르신다는 사실은 선뜻 이해하기 어렵습니다. 그러나 '나'는 우연히 만들어진 존재가 아니라 '하나님에 의해', 그리고 '하나님의 형상을 따라' 창조된 존재라는 것, 게다가 그런 나를 하나님이 당신의 생명과 바꾸실 만큼 사랑한다는 사실을 알게 되면 성도들은 결코 신앙생활을 거부할 수 없습니다.

창세기 1:27   우리를 (②   )하신 하나님
하나님이 자기 형상 곧 하나님의 형상대로 사람을 창조하시되 남자와 여자를 창조하시고

   하나님은 어떤 분이십니까? 맞는 것을 모두 고르십시오.

① 우리를 창조하셨습니다.
② 복의 근원이 되십니다
③ 보이지 않지만 존재하는 하나님
④ 우리를 부르시는 하나님

정답 : ①②③④

■ 정답 : ① 이사야 ② 창조

하나님과 우리의 어긋난 관계

깨어짐의 시작

아담과 하와의 죄악으로부터 하나님과의 단절은 시작되었습니다. 아담과 하와는 하나님의 말씀을 거역하고 자신의 욕심을 따라서 선악과를 따 먹으면서 죄를 짓게 되었습니다. 그래서 빛이 어둠과 공존할 수 없는 것처럼(고후 6:14) 생명의 근원이신 하나님과 죄악으로 얼룩진 인간은 함께 할 수 없었습니다. 결국 그들은 에덴동산을 떠날수 밖에 없었습니다.

이사야 59:2 죄의 결과는 하나님과의 (①   )
오직 너희 죄악이 너희 하나님 사이를 갈라 놓았고

야고보서 1:15 죄의 원인은 (②   )
욕심이 잉태한즉 죄를 낳고 죄가 장성한즉 사망을 낳느니라

수고와 염려 속에서 살아가게 된 우리

아담과 하와의 범죄는 한 사람의 범죄에 머문 것이 아니라 온 인류에게 영향을 미쳤습니다. 그 결과 모든 사람들은 하나님과의 관계가 단절되고, 수고와 염려 속에서 살아가게 되었습니다.

로마서 5:12 죄의 영향력
그러므로 한 사람으로 말미암아 죄가 세상에 들어오고 죄로 말미암아 사망이 들어왔나니 이와 같이 모든 사람이 죄를 지었으므로 사망이 모든 사람에게 이르렀느니라

■ 정답 : ① 관계단절 ② 욕심

사망과 심판을 받아야 하는 우리

죄의 결과로 인간은 하나님의 은혜를 상실하게 되었습니다. 즉 사람들은 무지와 완고함 때문에 지각이 어두워지고, 하나님의 생명에서 떠나 버렸습니다. 그 결과 행복한 삶은 사라지고, 결국 사망과 심판을 받아야 하는 상황에 놓이게 되었습니다.

로마서 6:23   죄의 삯은 (①   )
죄의 삯은 사망이요 하나님의 은사는 그리스도 예수 우리 주 안에 있는 영생이니라

에베소서 4:18   하나님의 (②   )에서 떠남
그들의 총명이 어두워지고 그들 가운데 있는 무지함과 그들의 마음이 굳어짐으로 말미암아 하나님의 생명에서 떠나 있도다

히브리서 9:27   죽음과 (③   )
한번 죽는 것은 사람에게 정해진 것이요 그 후에는 심판이 있으리니

Q&A 하나님과 인간의 관계는 어떤 한 사건 때문에 어긋나기 시작했고 결국에는 아담과 하와가 에덴동산을 떠나게 됩니다. 이 사건이 무엇인가요?

_____
_____

정답 : 선악과 사건

■ 정답 : ① 사망 ② 생명 ③ 심판

하나님과 우리의 회복된 관계

하나님의 은혜를 상실한 '수고하고 무거운 짐진 자'(마 11:28)인 우리들은 이 문제를 어떻게 해결해야 할까요? 방법은 죄의 문제를 해결하는 것뿐입니다. 죄의 문제가 해결되어야 하나님과의 관계가 복원됩니다. 하나님과의 관계가 복원되는 것을 우리는 '구원'이라고 말합니다.

구원의 길을 열어주신 예수님

하나님과의 단절된 관계를 회복하는 유일한 길은 예수 그리스도뿐입니다. 하나님께서는 죄를 해결하시기 위해서 '자기의 아들' 예수 그리스도를 이 땅에 보내어 주셨습니다. 그리고 예수님의 십자가의 고난과 죽음, 그리고 부활을 통해서 온 인류에게 구원(영생)의 길을 열어 주셨습니다.

요한복음 3:16   세상을 (①   )하신 하나님
하나님이 세상을 이처럼 사랑하사 독생자를 주셨으니 이는 그를 믿는 자마다 멸망하지 않고 영생을 얻게 하려 하심이라

요한복음 14:6   (②   )이요 (③   )요 (④   )이신 예수님
예수께서 이르시되 내가 곧 길이요 진리요 생명이니 나로 말미암지 않고는 아버지께로 올 자가 없느니라

사도행전 4:12   유일한 (⑤   )의 이름
다른 이로써는 구원을 받을 수 없나니 천하 사람 중에 구원을 받을 만한 다른 이름을 우리에게 주신 일이 없음이라 하였더라

■ 정답 : ① 사랑 ② 길 ③ 진리 ④ 생명 ⑤ 구원

소망의 길을 보여주신 예수님

예수님의 십자가 사건은 구체적으로 죽음과 부활로 나눌 수 있습니다. 즉 예수님께서는 십자가의 고난과 죽음을 통해서 우리의 죄와 허물은 대속하셨고, 죽음을 이기시고 부활하심으로 우리에게 소망을 주셨습니다. 예수님의 십자가의 죽음과 부활을 통해 모든 사람에게 영생의 길이 열렸습니다.

죄의 문제를 해결하신 예수님

이사야 53:6 죄악을 (①   )해 주신 예수님
우리는 다 양 같아서 그릇 행하여 각기 제 길로 갔거늘 여호와께서는 우리 모두의 죄악을 그에게 담당시키셨도다

마태복음 1:21 죄에서 (②   ) 해 주시는 예수님
아들을 낳으리니 이름을 예수라 하라 이는 그가 자기 백성을 그들의 죄에서 구원할 자이심이라 하니라

베드로전서 3:18 하나님 앞으로 (③   )해 주시는 예수님
그리스도께서도 단번에 죄를 위하여 죽으사 의인으로서 불의한 자를 대신하셨으니 이는 우리를 하나님 앞으로 인도하려 하심이라

첫 열매와 소망이 되신 예수님

예수님께서는 죽은 자 가운데 다시 살아나셔서 잠자는 자들의 첫 열매가 되셨습니다. 그리고 부활의 증인들을 통하여 이 사실을 증거하게 하셨습니다. 이것이 바로 복음의 역사입니다.

■ 정답 : ① 담당 ② 구원 ③ 인도

고린도전서 15:3-8   부활의 (① 　　　　)

3. 내가 받은 것을 먼저 너희에게 전하였노니 이는 성경대로 그리스도께서 우리 죄를 위하여 죽으시고 4. 장사 지낸 바 되셨다가 성경대로 사흘 만에 다시 살아나사 5. 게바에게 보이시고 후에 열두 제자에게와 6. 그 후에 오백여 형제에게 일시에 보이셨나니 그 중에 지금까지 대다수는 살아 있고 어떤 사람은 잠들었으며 7. 그 후에 야고보에게 보이셨으며 그 후에 모든 사도에게와 8. 맨 나중에 만삭되지 못하여 난 자 같은 내게도 보이셨느니라

고린도전서 15:20-22   잠자는 자들의 (② 　　　　)

20. 그러나 이제 그리스도께서 죽은 자 가운데서 다시 살아나사 잠자는 자들의 첫 열매가 되셨도다 21. 사망이 한 사람으로 말미암았으니 죽은 자의 부활도 한 사람으로 말미암는도다 22. 아담 안에서 모든 사람이 죽은 것 같이 그리스도 안에서 모든 사람이 삶을 얻으리라

 **Q&A** 예수님의 십자가가 지닌 의미가 아닌 것은 무엇인지 고르십시오.

① 우리의 죄와 허물을 대속하셨습니다
② 예수님은 하나님과 인간의 단절된 관계를 회복시켜 주셨습니다
③ 죽음과 부활을 통해 모든 사람에게 영생의 길을 열어 주셨습니다
④ 부활을 통해 인간이 시간을 지배할 수 있음을 알려 주셨습니다

정답 : ④

■ 정답 : ① 증인 ② 첫 열매

구원받은 삶의 모습

예수님을 영접하고 자녀가 됩니다

예수님께서 십자가의 죽음과 부활을 통해서 영생의 길을 열어주신 것은 객관적인 사실입니다. 이러한 객관적인 사실을 개인적 신앙의 고백으로 받아들이는 믿음의 영접을 통해서 우리는 하나님의 자녀가 되는 것입니다. 성경은 이러한 거룩한 순간을 '거듭남'이라고 표현하고 있습니다.

요한복음 1:12 하나님의 (①   )
영접하는 자 곧 그 이름을 믿는 자들에게는 하나님의 자녀가 되는 권세를 주셨으니

요한계시록 3:20 예수님의 (②   )을 듣고 마음의 (③   )을 열라
볼지어다 내가 문 밖에 서서 두드리노니 누구든지 내 음성을 듣고 문을 열면 내가 그에게로 들어가 그와 더불어 먹고 그는 나와 더불어 먹으리라

그리스도 안에서 성장합니다

예수님을 믿음으로 고백하며 영접한 하나님의 자녀들은 그리스도의 신실한 제자로, 거룩한 성도로 성장해 가야 합니다. 이를 위해 어떻게 해야 할까요?

오직 믿음 안에서 삽니다

갈라디아서 2:20
내가 그리스도와 함께 십자가에 못 박혔나니 그런즉 이제는 내가 사는 것이 아니요 오직 내 안에 그리스도께서 사시는 것이라 이제 내가 육체 가운데 사는 것은 나를

▌정답 : ① 자녀 ② 음성 ③ 문

사랑하사 나를 위하여 자기 자신을 버리신 하나님의 아들을 믿는 믿음 안에서 사는 것이라

그리스도의 장성한 분량에 이르도록 합니다

에베소서 4:13
우리가 다 하나님의 아들을 믿는 것과 아는 일에 하나가 되어 온전한 사람을 이루어 그리스도의 장성한 분량이 충만한 데까지 이르리니

마지막 구원의 때를 기대합니다

고린도전서 3:13-15
13. 각 사람의 공적이 나타날 터인데 그 날이 공적을 밝히리니 이는 불로 나타내고 그 불이 각 사람의 공적이 어떠한 것을 시험할 것임이라 14. 만일 누구든지 그 위에 세운 공적이 그대로 있으면 상을 받고 15. 누구든지 그 공적이 불타면 해를 받으리니 그러나 자신은 구원을 받되 불 가운데서 받은 것 같으리라

구원받은 성도의 의식 : 세례와 성만찬

기독교에는 상징적인 의미를 담고 있는 의식들이 있습니다. 그 중에서 대표적인 것이 '세례'와 '성만찬'입니다. 이는 고대 기독교로부터 지켜 내려온 거룩한 예식으로 교회의 오랜 전통입니다. 그래서 세례와 성만찬을 가리켜 '성례전'(Sacraments) 이라고 부릅니다. 이러한 성례전은 기독교인으로 살겠다는 결단의식으로, 십자가의 의미를 기억하며 공동체의 일원으로 살겠다는 중요한 의식입니다. 그렇기 때문에 성도들은 세례와 성만찬에 적극적으로 참여해야 합니다.

세례

세례란 교단에 따라 조금씩 방식이 다르긴 하지만, 나를 위하여 예수 그리스도가 십자가에 달려 죽으셨고 부활하셨음을 믿음으로 고백하며 내가 이제 그리스도인으로 살겠다는 결단이며, 더불어 그러한 내가 그리스도인임을 공인해 주는 것입니다.

침례교회나 순복음 교단에서는 '침례'라고 부르기도 하는데, 그것은 사람이 가운을 입고 목욕탕과 같이 생긴 '침례탕'에 들어가서 물속에 완전히 들어갔다가 나오는 방식으로 세례를 받기 때문입니다. 반면 감리교회나 장로교회, 그리고 여타의 교단에서는 침례대신 간단하게 머리에 물을 붓는 세례식을 행하고 있습니다. 원래는 침례의 방식으로 예식이 진행되었으나 12세기 이후부터 병자와 어린아이의 경우 침례가 어렵다는 점과 사막과 같이 물이 귀한 지역에서는 침례가 어렵다는 점을 감안하여 간단한 세례식으로 바뀌게 되었습니다.

세례의 의미는 단순합니다. 물속에 완전히 잠수하는 것은 사람이 죽어서 땅에 묻히는 것을 상징합니다. 그리고 물 밖으로 나오는 것은 나의 옛 자아는 죽었고 이제는 예수님과 함께 부활의 삶을 살아가겠다는 것을 의미합니다.

로마서 6:3-5 그리스도와 (①   )하는 삶
3. 무릇 그리스도 예수와 합하여 세례를 받은 우리는 그의 죽으심과 합하여 세례를 받은 줄 알지 못하느냐 4. 그러므로 우리가 그의 죽으심과 합하여 세례를 받음으로 그와 함께 장사되었나니 이는 아버지의 영광으로 말미암아 그리스도를 죽은 자 가운데서 살리심과 같이 우리로 또한 새 생명 가운데서 행하게 하려 함이라 5. 만일 우리가 그의 죽으심과 같은 모양으로 연합한 자가 되었으면 또한 그의 부활과 같은 모양으로 연합한 자도 되리라

■ 정답 : ① 연합

성만찬

'성만찬'은 예수님께서 친히 제정하신 성례전입니다. 이 성만찬은 예수님께서 잡히셔서 십자가에 죽으시기 전에 제자들과 가지셨던 최후의 만찬에서 유래합니다. 일반적으로 성만찬에서는 우리를 위해 찢겨진 예수님의 '몸'을 의미하는 '떡'과 흘리신 '피'를 상징하는 '잔'을 함께 나누며 우리를 위해 고난당하신 예수님의 사랑을 기억하고 기념하는 것입니다. 그리고 성찬식은 교회 공동체의 모든 성도들이 그리스도의 몸과 피에 참여하는 공동체로서 '한 몸을 이룬 한 형제'임을 기억하는 예식이기도 합니다.

마태복음 26:26-28
26. 그들이 먹을 때에 예수께서 떡을 가지사 축복하시고 떼어 제자들에게 주시며 이르시되 받아서 먹으라 이것은 내 몸이니라 하시고 27. 또 잔을 가지사 감사 기도하시고 그들에게 주시며 이르시되 너희가 다 이것을 마시라 28. 이것은 죄 사함을 얻게 하려고 많은 사람을 위하여 흘리는 바 나의 피 곧 언약의 피니라

고린도전서 10:16-17
16. 우리가 축복하는 바 축복의 잔은 그리스도의 피에 참여함이 아니며 우리가 떼는 떡은 그리스도의 몸에 참여함이 아니냐 17. 떡이 하나요 많은 우리가 한 몸이니 이는 우리가 다 한 떡에 참여함이라

나눔

1. 당신은 구원의 확신을 가지고 있습니까?

① 확신이 있다면, 확신을 갖게 된 계기에 대해 이야기해 주십시오.

_____

_____

② 확신이 없다면, 확신을 얻기 위해 할 수 있는 방법이 무엇이 있는지 생각해 봅시다.

_____

_____

_____

2. 예수님과의 인격적인 만남을 체험한 경험을 나누어 보시기 바랍니다. 어떤 상황에서 어떻게 인격적으로 만났는지 구체적으로 이야기해 주십시오.

_____

_____

_____

_____

Chapter 02

교 회

생각하기

교회란 무엇이며, 무엇을 하는 곳일까요?

_____
_____
_____

나는 교회 생활을 어떻게 하고 있나요? 하나님이 보시기에 어떠실까요?

_____
_____
_____

    신앙생활을 하는 성도들에게 있어서 교회가 무엇인지 이해하는 것은 매우 중요한 일입니다. 왜냐하면 모든 신앙의 교육과 예배가 교회를 중심으로 이루어지고 있기 때문입니다.

교회가 지닌 여러 가지 의미들

예배를 드리기 위해 찾아가는 건물입니다

기원 후 313년 로마의 콘스탄티누스 황제는 '밀라노 칙령'(Edict of Milan)을 통해 기독교인들에게 신앙의 자유를 선포하였고, 얼마 후 기독교를 로마의 국교로 선포하게 됩니다. 그 이후로 기독교인들은 박해를 피해 숨어서 예배드리지 않고 예배를 위한 건물을 구입하여 그곳에서 매주일 예배를 드리게 되었습니다. 그 후로부터 사람들은 예배드리기 위해 찾아가는 건물을 지칭하여 '교회'라고 부르게 된 것입니다.

예배드릴 목적으로 모이는 모임입니다. '에클레시아'

교회의 원래적 호칭은 헬라어(그리스어)로 '에클레시아'(ecclesia)입니다. 이 단어의 뜻은 '어떤 목적을 가지고 모이는 모임'이라는 뜻입니다. 즉, 성도들이 박해를 피해서 예배를 드리기 위해 모이는 곳(산, 들, 동굴, 땅 속 등)이 바로 '교회'라는 의미입니다. 그런 점에서 오늘날 어느 장소가 되었든 성도들이 예배를 드리기 위해 모이는 곳이 바로 '교회'라고 말할 수 있을 것입니다.

예수 그리스도를 구주로 고백하는 성도들은 '하나님의 성전'(교회)입니다

바울은 예수 그리스도를 구주로 고백하는 성도들을 '하나님의 성전'(교회)라고 말합니다.(고전 3:16). 그리고 성도 안에 내주하시는 성령을 통하여 예수님을 구주로 고백하게 된다고 분명히 기록하고 있습니다.(고전 12:3)

고린도전서 3:16   하나님의 (①   )인 성도
너희는 너희가 하나님의 성전인 것과 하나님의 성령이 너희 안에 계시는 것을 알지 못하느냐

고린도전서 12:3   (②   )을 주님으로 고백하는 성도
그러므로 내가 너희에게 알리노니 하나님의 영으로 말하는 자는 누구든지 예수를 저주할 자라 하지 아니하고 또 성령으로 아니하고는 누구든지 예수를 주시라 할 수 없느니라

Tip 로마의 '카타콤'(catacomb)이 바로 박해받던 기독교의 유적지인가요?

네 맞습니다. 초대교회 로마에서 신앙생활을 하던 기독교인들은 자신들의 신앙을 지키기 위해 로마에서 조금 떨어진 곳에 개미굴처럼 땅을 파고 들어가 신앙생활을 하기 시작했습니다. 너무 복잡하게 파 놓아서 로마 군인들이 들어왔다 가는 나갈 수가 없었다고 합니다. 이 카타콤은 기독교인들의 예배장소, 무덤, 회의장, 생활공간 등으로 사용이 되었습니다.

교회는 그리스도의 몸입니다

우주적인 교회는 '영적인 교회'로서 예수 그리스도와 성도의 연합을 의미하는 표현입니다. 즉 예수 그리스도는 교회의 머리이고(골 1:18), 교회는 그리스도의 몸(엡 1:23)입니다. 이러한 교회가 갖는 영적인 유기체적 관계를 표현할 때 '우주적인 교회'라고 부릅니다.

에베소서 1:23   그리스도의 (③   )인 교회
교회는 그의 몸이니 만물 안에서 만물을 충만하게 하시는 이의 충만함이니라

■ 정답 : ① 성전 ② 예수님 ③ 몸

골로새서 1:18　교회의 (①　　　　)가 되시는 예수 그리스도
그는 몸인 교회의 머리시라 그가 근본이시요 죽은 자들 가운데서 먼저 나신 이시니 이는 친히 만물의 으뜸이 되려 하심이요

"보편적인 교회 또는 우주적인 교회는 하나님께서 이 세상에서 불러낸 자들로 하나님은 그들에게 '하나의 영'으로 일치되어 '한 몸'이 되게 하시고 '한 믿음, 한 소망, 한 세례'를 소유하고, '한 하나님 즉 모두의 아버지이며 모든 것 위에 계시며 모든 것을 사용하시고 모든 것의 안에 계신 분'을 모시도록 하는 것이다."
— J. Wesley의 설교, 'On the Church' 중

Tip 하얀 십자가와 빨간 십자가의 차이는 무엇인가요?

어느 교회는 빨간 십자가를 달고 어떤 교회는 하얀 십자가를 달기도 합니다. 빨간 색은 우리를 죄에서 구원하신 예수 그리스도의 보혈을 상징하는 것이고, 하얀색은 죄 사함 받은 후의 '정결함'을 상징합니다.

Q&A

'교회'는 여러 의미를 가지고 있습니다. 이와 관련해 맞는 것을 모두 고르십시오.

① 예배를 드리기 위해 찾아가는 건물입니다
② 건물이 없는 '에클레시아'는 눈에 보이지 않으므로 교회가 아닙니다.
③ 예수 그리스도를 구주로 고백하는 성도들은 '하나님의 성전'입니다
④ 교회는 그리스도의 몸입니다

정답. ①③④

■ 정답 : ① 머리

교회는 어떻게 시작되었을까요?

교회는 예수님이 약속하신 것입니다

예수님께서는 제자들에게 '교회를 세울 것'(마 16:13-20)이라는 약속과 예수님의 모든 사역들을 교회와 제자들에게 위임하시려는 특별한 계획을 가지고 있었습니다.(엡 3:9-11, 요 14:12) 결국 예수님의 약속대로 교회는 세워졌고 교회를 통해 지금까지도 복음은 전파되고 있습니다.

요한복음 14:12
내가 진실로 진실로 너희에게 이르노니 나를 믿는 자는 내가 하는 일을 그도 할 것이요 또한 그보다 큰 일도 하리니 이는 내가 아버지께로 감이라

에베소서 3:9-11   하나님의 각종 지혜를 알게 하는 (①   )
9. 영원부터 만물을 창조하신 하나님 속에 감추어졌던 비밀의 경륜이 어떠한 것을 드러내게 하려 하심이라   10. 이는 이제 교회로 말미암아 하늘에 있는 통치자들과 권세들에게 하나님의 각종 지혜를 알게 하려 하심이니   11. 곧 영원부터 우리 주 그리스도 예수 안에서 예정하신 뜻대로 하신 것이라 ㅏ 제자들과

성령의 임재를 통해 교회가 시작되었습니다

예수님께서 부활 승천하신 후, 유대의 절기인 '오순절'에 예수님께서 약속하셨던 보혜사 성령이 임하였습니다. 제자들은 마가의 다락방에서 기도하던 중에 성령의 임재를 경험하였고 방언을 하며 권능을 받게 되었습니다.(행 2:1-4)

이후 '진리의 영'(요 16:30)이며 '그리스도의 영'(롬 8:9)인 성령을 받은 제자들은 세상의 한 복판에서 담대히 예수 그리스도를 전하기 시작했습니다. 그리고 그

▌정답 : ① 교회

말씀을 듣는 사람들은 자신의 죄를 회개하였고 교회공동체 안으로 모여오기 시작했습니다. 이렇게 모인 사람들에 의해 교회는 시작되었습니다.

사도행전 2:1-4   오순절, (①   )의 임재

1. 오순절 날이 이미 이르매 그들이 다같이 한 곳에 모였더니 2. 홀연히 하늘로부터 급하고 강한 바람 같은 소리가 있어 그들이 앉은 온 집에 가득하며 3. 마치 불의 혀처럼 갈라지는 것들이 그들에게 보여 각 사람 위에 하나씩 임하여 있더니 4. 그들이 다 성령의 충만함을 받고 성령이 말하게 하심을 따라 다른 언어들로 말하기를 시작하니라

Tip   '오순절'(Pentecost)이 무엇인가요?

한국의 추석이나 설날처럼 이스라엘에도 전통적으로 지키는 절기가 있습니다. 대표적인 절기 3가지는 '유월절'과 '오순절' 그리고 '장막절'입니다. '오순'이라는 말은 '오십 일'을 뜻합니다. 유월절 절기 후 50일째 되는 날 지키는 절기이기 때문에 '오순절'이라고 말합니다. 이 날에 약속하신 성령이 오셨기 때문에 오늘날 성령운동 하는 교단을 '오순절 교단'이라고 말합니다.

■ 정답 : ① 성령

> **Tip** '성령'(Holy Spirit)이란 무엇이고 교회와는 어떤 관계가 있나요?
>
>
>
> '성령'은 천지를 창조하시고 능치 못함이 없으신 '하나님의 영'입니다. 성경에서는 성령을 '진리의 영'(요 14:17), 그리고 '그리스도의 영'(롬 8:9, 벧전 1:11)으로 소개하고 있습니다. 사탄이 '거짓의 아비'(요 8:44)인 것과 대조적인 표현입니다.
>
> 성령이 임하시면 거짓말 하던 사람도 거짓말을 안 하고, 예수 그리스도가 구주임을 증거하게 됩니다. 제자들은 예수님의 십자가 처형을 보고 무서워 도망쳤지만, 성령을 받자 담대하게 예수님을 증거하기 시작했습니다. 그 결과 예수 믿는 사람들이 생기게 되었고, 교회는 날이 갈수록 부흥하기 시작했습니다. 그런 점에서 성령과 교회는 끊을 수 없는 관계라 할 수 있습니다.

교회를 이루는 두 가지 영적 기초는 무엇일까요?

사도신경의 올바른 신앙고백이 있어야 합니다

집을 짓고 높은 건물을 세우는데 있어서 가장 중요한 것은 건물의 기초입니다. 건물이 높으면 높을수록 기초는 더욱 깊고 단단하게 세워져야 합니다. 마찬가지로 교회도 건강한 교회, 이 세상에서 빛과 소금의 사명을 다하는 본이 되는 교회가 되기 위해서는 영적인 기초가 튼튼해야 합니다. 그렇다면 교회의 영적인 기초는 무엇일까요?

예수님께서는 제자들에게 "너희는 나를 누구라고 생각하느냐?"는 질문을 하셨고, 이에 베드로가 "주는 그리스도시요 살아계신 하나님의 아들이시니이다"(마 16:16)라고 고백하였습니다. 이러한 베드로의 고백을 들은 예수님은 크게 기뻐하셨습니다. 이어서 예수님께서는 "이 반석 위에 내 교회를 세우리니"(마 16:18)라고 말씀하셨습니다. 이처럼 교회는 예수 그리스도에 대한 바른 신앙 고백 위에 세워져야만 합니다.

교회가 바른 신앙고백 위에 서지 않으면 '이단'에게 빠지기도 하고 사회에서 문제를 일으키기도 합니다. 초대교회 이래로 지난 교회 역사 속에는 많은 이단들이 등장했고 성도들은 신앙생활에 큰 혼란을 겪기도 하였습니다. 그래서 교회는 이런 일들을 방지하기 위해서 '사도신경(Apostles' Creed)'을 고백하였습니다.

사도신경은 삼위일체 하나님에 대한 성도의 신앙고백입니다. 우리의 믿음의 대상인 하나님과 예수님, 그리고 성령님에 대한 내용과 성도의 교제, 영원한 나라에 대한 성도의 믿음을 고백하는 내용으로 구성되어 있습니다. 사도신경 속에 담긴 핵심은 '예수 그리스도'로 사람들을 향하신 하나님의 뜻과 계획들이 예수 그리스도 안에서 성취되었음을 고백합니다.

영적인 문제를 다루는 영적 권세가 필요합니다

사람들이 질병을 치유하고자 병원을 찾을 때에는 믿고 맡길 수 있는 권위자를 선호합니다. 교회도 마찬가지입니다. 교회는 인간의 영적인 문제를 다루는 곳입니다. 그렇기 때문에 교회에는 영적인 권위와 권세가 있어야 합니다.

그런데 오늘날 교회가 영적인 부분에 대해 힘을 상실하고 있습니다. 사람들이 영적인 문제를 해결하고자 교회를 찾아오더라도 도리어 세상의 방식과 판단을 제시하고 있습니다. 그러다보니 사람들은 더 이상 교회를 찾지 않고 오히려 무속인들이나 점쟁이, 무당들을 찾아가 자신들의 문제를 해결하려 합니다. 예수님께서는 '음부의 권세'가 교회를 이기지 못한다(마 16:18)고 말씀하셨지만 오늘날 많은 교회들이 세속주의의 영향으로 음부의 권세를 이길 믿음과 권세를 스스로 포기하거나 사장시키고 있는 것이 현실입니다. 교회는 다른 무엇보다도 믿음 안에서 영적인 권세를 회복해야 합니다.

마태복음 16:17-20   (①   )의 권세가 이기지 못하는 교회
17. 예수께서 대답하여 이르시되 바요나 시몬아 네가 복이 있도다 이를 네게 알게 한 이는 혈육이 아니요 하늘에 계신 내 아버지시니라 18. 또 내가 네게 이르노니 너는 베드로라 내가 이 반석 위에 내 교회를 세우리니 음부의 권세가 이기지 못하리라
19. 내가 천국 열쇠를 네게 주리니 네가 땅에서 무엇이든지 매면 하늘에서도 매일 것이요 네가 땅에서 무엇이든지 풀면 하늘에서도 풀리리라 하시고 20. 이에 제자들에게 경고하사 자기가 그리스도인 것을 아무에게도 이르지 말라 하시니라

 교회를 이루는 두 가지 영적인 기초는 무엇입니까?

① 사도신경의 올바른 신앙고백이 있어야 합니다
② 영적인 문제를 다루는 영적 권세가 필요합니다
③ 지역 사회에서 인기가 많은 목사님이 있어야 합니다
④ 성도들을 위한 교육과 편의시설을 충분히 제공해야 합니다

정답 : ①②

■ 정답 : ① 음부

> **Tip** 음부의 권세란 무엇인가요?
>
>
>
> '음부의 권세'란 사탄의 세력을 말합니다. 그들은 우리가 모르는 사이에 우리를 병들게 하고 하나님을 믿지 못하게 하고 저주아래 있게 하다가 우리를 죽게 합니다. 그리고 영원한 하나님의 나라를 유업으로 얻지 못하게 하려고 발버둥을 칩니다. 이러한 사탄의 모든 공격과 계략이 '음부의 권세'입니다. 교회는 이런 사탄의 권세를 꺾을 수 있는 권세와 능력을 예수님으로부터 부여받았습니다. 이 권세를 사용해 멸망의 길로 가는 사람들을 건져내야 하는 것이 교회의 사명입니다.

교회에서는 무엇을 합니까?

예배를 드립니다

교회는 하나님의 자녀들이 하나님의 은혜에 감사하며 예배드리기 위해 모이는 곳입니다. 하나님을 찬양하며 예배드린다는 것은 우리의 삶 속에서 무엇보다도 중요합니다. 우리는 하나님께 예배드리는 가운데 살아계신 하나님을 체험하고 기적을 경험하게 됩니다.

신명기 12:5-7 자기의 (①   )을 두시려고 택하신 교회
5. 오직 너희의 하나님 여호와께서 자기의 이름을 두시려고 너희 모든 지파 중에서

■ 정답 : ① 이름

택하신 곳인 그 계실 곳으로 찾아 나아가서 6. 너희의 번제와 너희의 제물과 너희의 십일조와 너희 손의 거제와 너희의 서원제와 낙헌 예물과 너희 소와 양의 처음 난 것들을 너희는 그리로 가져다가 드리고 7. 거기 곧 너희의 하나님 여호와 앞에서 먹고 너희의 하나님 여호와께서 너희의 손으로 수고한 일에 복 주심으로 말미암아 너희와 너희의 가족이 즐거워할지니라

열왕기상 9:3   하나님의 (①   )과 (②   )이 머무는 교회
여호와께서 그에게 이르시되 네 기도와 네가 내 앞에서 간구한 바를 내가 들었은즉 나는 네가 건축한 이 성전을 거룩하게 구별하여 내 이름을 영원히 그 곳에 두며 내 눈길과 내 마음이 항상 거기에 있으리니

성도들의 신앙 성장을 위해 힘씁니다

교회는 성도들의 신앙의 성장과 유지를 위해 반드시 필요합니다. 교회를 단순한 건물로서 이해해서 개인적인 신앙과는 무관하다고 생각하는 것은 잘못된 것입니다. 성령의 역사는 교회 공동체 안에서 이루어집니다.

교회는 하나님의 자녀들을 그리스도의 신실한 제자, 하나님 나라의 일꾼으로 양육하고 훈련하는 곳입니다. 즉 교회는 '영적 군사 훈련소'입니다. 말씀을 배우는 것뿐만 아니라 배운 대로 삶 속에서 실천하도록 훈련합니다. 그래서 성경공부와 기도생활, 예배생활을 강조하면서 동시에 세상을 향한 구제와 봉사, 전도와 같은 경건의 실천을 강조합니다. 이런 과정을 통해 하나님의 자녀들은 지속적으로 성장하여 성숙한 그리스도인이 됩니다.

에베소서 4:13-15   그리스도의 장성한 분량까지 성장하는 (③   )한 사람
13. 우리가 다 하나님의 아들을 믿는 것과 아는 일에 하나가 되어 온전한 사람을 이루어 그리스도의 장성한 분량이 충만한 데까지 이르리니 14. 이는 우리가 이제부터

■ 정답 : ① 눈길 ② 마음 ③ 온전

어린 아이가 되지 아니하여 사람의 속임수와 간사한 유혹에 빠져 온갖 교훈의 풍조에 밀려 요동하지 않게 하려 함이라 15. 오직 사랑 안에서 참된 것을 하여 범사에 그에게까지 자랄지라 그는 머리니 곧 그리스도라

교회 공동체의 중요성은 우리 나라의 선교 역사가 증명해 주고 있습니다. 남북으로 분단되기 전에는 평양, 선천, 원산, 신의주 등에 많은 교회들이 존재했습니다. 그리고 그 교회들을 중심으로 대부흥의 역사가 있었습니다. 그러나 북한이 공산화되면서 그 교회들은 사라졌습니다. 그리고 지금 북한의 현실 속에서 참된 신앙을 가진 사람들을 찾아보기 힘들게 되었습니다. 이처럼 교회는 우리의 신앙을 위해서 반드시 필요합니다.

영적 문제가 해결됩니다

교회는 종교의식뿐 아니라 삶의 다양한 문제들과 영적인 문제들을 풀어놓을 수 있는 곳입니다. 성도들은 인생의 여정 속에서 자신의 힘과 능력으로 감당할 수 없는 어려운 문제들을 만나면 교회에 와서 기도하며 하나님의 도움을 구합니다. 그 때마다 절망의 상황 속에 있는 이들이 용기와 희망을 얻게 되고, 불치병으로 고통 받던 이들이 치유되기도 합니다. 또 부모의 마음을 아프게 하던 자녀들이 새롭게 변화되기도 하고 화목하지 못했던 가정이 회복되기도 합니다. 또 부도의 위기에 놓였던 기업이 회생되기도 합니다.

그런데 중요한 것은 이런 기적 같은 일들이 그 문제와는 상관없어 보이는 일을 행함으로 일어난다는 사실입니다. 즉, 절대 용서할 수 없었던 사람들을 예수님의 사랑 안에서 용서하고 남들에게 상처주고 거짓말하였던 자신의 죄를 회개했을 뿐인데, 세상적인 문제들이 기적처럼 풀리게 된다는 것입니다. 어떻게 이런 일이 가능할까요? 교회는 하나님이 계시고, 성령의 역사가 나타나는 곳이기 때문입니다.

마태복음 18:18-20

18. 진실로 너희에게 이르노니 무엇이든지 너희가 땅에서 매면 하늘에서도 매일 것이요 무엇이든지 땅에서 풀면 하늘에서도 풀리리라 19. 진실로 다시 너희에게 이르노니 너희 중의 두 사람이 땅에서 합심하여 무엇이든지 구하면 하늘에 계신 내 아버지께서 그들을 위하여 이루게 하시리라 20. 두세 사람이 내 이름으로 모인 곳에는 나도 그들 중에 있느니라

복음을 증거 합니다

교회는 하나님 나라의 복음을 증거하기 위한 전초기지로 세워진 곳입니다. 교회는 하나님의 말씀을 선포해 하나님을 알지 못하던 사람들에게 하나님을 소개하고, 또 예수 그리스도의 구원의 은혜를 알게 해 죄에서 자유함을 얻고 구원을 받게 해야 합니다.

예수님은 교회가 이 구원사역을 이룰 수 있도록 보혜사 성령을 보내주셨고, 성령이 오심으로 예수님의 제자들은 복음전파를 시작할 수 있었습니다. 이러한 복음이 전파되는 곳마다 교회가 세워졌고, 또 그 교회를 통해 복음이 전파, 확장되었습니다.

사도행전 1:6-8   복음의 (①   )

6. 그들이 모였을 때에 예수께 여쭈어 이르되 주께서 이스라엘 나라를 회복하심이 이 때니이까 하니 7. 이르시되 때와 시기는 아버지께서 자기의 권한에 두셨으니 너희가 알 바 아니요 8. 오직 성령이 너희에게 임하시면 너희가 권능을 받고 예루살렘과 온 유대와 사마리아와 땅 끝까지 이르러 내 증인이 되리라 하시니라

세상 사람들은 경험해 보지 못했고, 눈에 보이지 않는다는 이유로 하나님의 진리를 부인합니다. 교회는 이들에게 구원과 영원한 삶에 대한 중요한 진리를 전해야 하는 것입니다.

■ 정답 : ① 증인

마태복음 28:18-20 "구원의 (①　　　　)"

18. 예수께서 나아와 말씀하여 이르시되 하늘과 땅의 모든 권세를 내게 주셨으니 19. 그러므로 너희는 가서 모든 민족을 제자로 삼아 아버지와 아들과 성령의 이름으로 세례를 베풀고 20. 내가 너희에게 분부한 모든 것을 가르쳐 지키게 하라 볼지어다 내가 세상 끝날까지 너희와 항상 함께 있으리라 하시니라

"교회는 하나님께 속하고 세상 안에서 그의 목적을 위해 따로 존재하기 때문이다."
- John Wesley 설교전집 6. 162

영적 가족이 함께 모입니다

교회는 '하나님의 집'이며 성도들은 '하나님의 가족'입니다. 즉 하나님을 아버지로 섬기는 가족 공동체가 바로 교회입니다. 그래서 성도들은 서로를 부를 때 "형제님" 또는 "자매님"이라고 부릅니다. 가정에서 형제들은 때로 다투기도 하지만 그 관계를 아주 끊어 버릴 수 없는 것처럼 영적인 가족 공동체에서도 마찬가지입니다. 영적 가족들이 어려움 가운데 처하면 함께 아파하고, 일이 잘 풀리면 함께 기뻐해야 합니다. 그것이 교회 안에서 이루어지는 성도의 참된 교제입니다.

요한복음 13:34　(②　　　　) 사랑
새 계명을 너희에게 주노니 서로 사랑하라 내가 너희를 사랑한 것 같이 너희도 서로 사랑하라

빌레몬서 1:6　(③　　　　)의 교제
이로써 네 믿음의 교제가 우리 가운데 있는 선을 알게 하고 그리스도께 이르도록 역사하느니라

■ 정답 : ① 방주 ② 서로 ③ 믿음

Tip 성도의 교제(koinonia)가 세상의 교제와 다른 점은 무엇인가요?

세상에서는 친구들을 만나 교제할 때 주로 자신의 즐거움을 위해 만납니다. 그래서 별로 도움이 되지 않는 친구들을 볼 때면 자리를 피하는 것이 일반적입니다. 그러나 성도의 교제는 그런 즐거움 때문에 있는 것이 아닙니다. 서로를 세워주고 격려하여 이 세상에서 승리하도록 돕기 위해 이루어지는 교제입니다. 그래서 때로 어려움 가운데 있는 성도를 위해 기도하고, 경제적으로 고통 받고 있는 사람들을 위해서는 조금씩 힘을 합쳐 도움을 주기도 합니다. 반대로 내가 어려울 때에는 다른 성도들의 조언과 격려, 기도 등의 도움을 받으며 위기를 극복해 가는 것입니다.

Q&A 교회에서는 어떤 일을 합니까? 이와 관련해 맞는 것을 모두 고르십시오.

① 예배를 드립니다
② 성도들의 신앙 성장을 위해 힘씁니다
③ 하나님의 진리를 세상에 전파 합니다
④ 마음이 잘 맞는 사람들끼리만 모여서 친교를 나눕니다

정답: ①②③

나눔

1. 성도 한 사람 한 사람이 '교회'요 '하나님의 성전'(고전 3:16)이라고 성경은 말하고 있습니다. 이 점에 대한 각자의 생각을 말해 주십시오.

2. 신앙생활을 하면서 교회에 대한 소속감을 갖는 것은 매우 중요한 일입니다. 자신이 출석하고 있는 교회의 자랑거리를 서로 발표해 주십시오.

Chapter 03

예 배

생각하기

예배란 무엇일까요?

_____
_____
_____

나의 예배에 대한 하나님의 마음은 어떠실까요?

_____
_____
_____

　신앙인들은 교회에서 드리는 주일예배뿐만 아니라 가정예배, 직장예배 등 성도들이 있는 곳에서는 언제나 예배를 드립니다. 그러나 많은 경우 예배에 대해서 바르게 알지 못한 채 예배를 드리는 경우가 많습니다. 예배에 대해서 알고 드리는 것과 그렇지 않은 상태에서 드리는 것에는 큰 차이가 있습니다.

예배는 무엇일까요?

감사하는 마음을 표현하는 것입니다

예배란 무엇일까요? 간단히 정의하자면 '하나님께서 베풀어 주신 은혜와 사랑을 기억하며 하나님께 감사의 마음을 드리는 행위'입니다. 우리의 삶은 우리의 노력으로만 이루어지는 것이 아닙니다. 우리 삶에 필수적인 요소인 숨 쉴 수 있는 공기, 태양, 물, 자연환경 등 모든 것들은 나의 노력과는 상관없는 하나님의 은혜로 우리에게 주어졌습니다.

우리는 매스미디어를 통해서 지진이나 해일, 폭우와 가뭄과 같은 자연재해에 관한 소식들을 자주 접하게 됩니다. 사건과 사고로 가득 찬 세상에서 안전하게 건강한 삶을 영위하는 것도 하나님의 인도하심과 돌보심의 결과입니다. 이러한 하나님의 사랑과 은혜를 생각하며 진심으로 감사하는 행위가 바로 '예배'입니다.

> 시편 29:2
> 여호와께 그의 이름에 합당한 영광을 돌리며 거룩한 옷을 입고 여호와께 예배할지어다

> 시편 100:4
> 감사함으로 그의 문에 들어가며 찬송함으로 그의 궁정에 들어가서 그에게 감사하며 그의 이름을 송축할지어다

"예배는 본질적으로 드리는 것이다. 그리스도인으로서 주일에 함께 모이는 이유이다. 우리는 하나님께 영광을 돌리려고 모이는 것이다. … 따라서 당신이 무엇인가를 얻기 위해서, 예컨대 '축복'을 받기 위해 교회 나가 예배를 드린다면 그것은 동기부터가 잘못된 것이다. 우리가 주님께 예배를 드리려고 모였다면 우리의 초점은 하나님께로부터 무엇을 받는 것이 아니라 하나

님께 드리는 것에 맞추어져야 한다. 예배는 하나님께 자신을 드리려는 타는 듯한 열망이며, 그것은 우리 자신과 마음의 태도와 우리의 소유를 드리는 것까지 포함한다."

- 존 맥아더 (John MacArthur), 『이것이 참된 예배이다』(서울:나침반,1989),13

신명기 5:15   자유케 하시는 (①   )
너는 기억하라 네가 애굽 땅에서 종이 되었더니 네 하나님 여호와가 강한 손과 편 팔로 거기서 너를 인도하여 내었나니 그러므로 네 하나님 여호와가 네게 명령하여 안식일을 지키라 하느니라

마태복음 10:29   역사를 주관하시는 (②   )
참새 두 마리가 한 앗사리온에 팔리지 않느냐 그러나 너희 아버지께서 허락하지 아니하시면 그 하나도 땅에 떨어지지 아니하리라

히브리서 12:28   견고케 하시는 (③   )
그러므로 우리가 흔들리지 않는 나라를 받았은즉 은혜를 받자 이로 말미암아 경건함과 두려움으로 하나님을 기쁘시게 섬길지니

하나님이 기뻐하시는 일입니다

예배는 하나님이 기뻐하시는 일입니다. 하나님께서는 인간을 '하나님을 찬송'하는 존재로(사 43:21), 그리고 하나님의 영광을 위하여 살아가는 존재로 창조하셨습니다.(사 43:7) 그렇기 때문에 하나님께서는 우리가 이 창조의 목적을 따라서 살아갈 때 기뻐하십니다.

▌정답 : ① 하나님 ② 하나님 ③ 하나님

이사야 43:7   하나님의 (①   )을 위해 창조된 인간

내 이름으로 불려지는 모든 자 곧 내가 내 영광을 위하여 창조한 자를 오게 하라 그를 내가 지었고 그를 내가 만들었느니라

이사야 43:21   (②   )을 위하여 창조된 인간

이 백성은 내가 나를 위하여 지었나니 나를 찬송하게 하려 함이니라

예배의 마음가짐

　감리교 예배학자인 폴 훈(Paul W. Hoon)은 "기독교 예배란 그리스도이신 예수님 안에서 자신을 보여 주신 하나님의 계시와 그에 대한 인간의 응답"(제임스 F. 화이트, '기독교예배학 입문' 서울 예배와 설교 아카데미,1991, 25)이라고 설명하고 있습니다. 그렇기 때문에 그리스도 예수를 중심으로 보여 주신 계시와 그 계시에 대한 성도의 응답이 이루어지는 예배에 성도는 반드시 참여해야 합니다.

영과 진리로 드립니다

시편 29:2   하나님께 (③   )드리는 성도

여호와께 그의 이름에 합당한 영광을 돌리며 거룩한 옷을 입고 여호와께 예배할지어다

요한복음 4:23-24   (④   )를 찾으시는 하나님

23. 아버지께 참되게 예배하는 자들은 영과 진리로 예배할 때가 오나니 곧 이 때라 아버지께서는 자기에게 이렇게 예배하는 자들을 찾으시느니라   24. 하나님은 영이시니 예배하는 자가 영과 진리로 예배할지니라

■ 정답 : ① 영광   ② 하나님   ③ 예배   ④ 예배자

믿음으로 드립니다

히브리서 11:4
믿음으로 아벨은 가인보다 더 나은 제사를 하나님께 드림으로 의로운 자라 하시는 증거를 얻었으니 하나님이 그 예물에 대하여 증언하심이라 그가 죽었으나 그 믿음으로써 지금도 말하느니라

순전함과 거룩함으로 드립니다

신명기 4:29
그러나 네가 거기서 네 하나님 여호와를 찾게 되리니 만일 마음을 다하고 뜻을 다하여 그를 찾으면 만나리라

시편 29:2
여호와께 그의 이름에 합당한 영광을 돌리며 거룩한 옷을 입고 여호와께 예배할지어다

예배를 드릴 때 우리는 어떤 마음가짐을 지녀야 할까요? 맞는 것을 모두 고르십시오.

① 영과 진리로 드립니다
② 믿음으로 드립니다
③ 실질적인 유익이 있는 성도나 교회를 찾아 교제할 준비를 한다
④ 순전함과 거룩함으로 드립니다

정답: ①②④

바른 예배를 위한 구체적인 실천 사항

1. 지각하지 말고 미리 와서 예배를 준비해야 합니다.
2. 감사와 사모하는 마음으로 드려야 합니다.
3. 똑바른 자세로 졸지 말고 예배 드려야 합니다.
4. 다른 생각을 하거나 옆 사람과 잡담하지 말고 하나님께 집중해야 합니다.
5. 커피나 음료를 마시면 안 됩니다. (지병이 있는 경우는 제외)

Tip 왜 성경은 이성적이고 합리적인 설명이 아닌 '믿음'을 강조할까요?

하나님이 '구원의 길'을 철학적이고 논리적으로만 말씀하신다면 아마도 머리 좋고 공부를 많이 한 소수의 사람은 이해할 것입니다. 하지만 그렇지 못한 많은 사람들은 어떻게 할까요? 구원의 원리를 이해하지 못해 구원받을 수 없을 것입니다.

하나님께서는 모든 사람에게 가장 공평한 방법을 마련해 주셨습니다. 바로 '믿음'입니다. 믿는다는 것은 똑똑한 사람이나 그렇지 못한 사람이나 누구든지 할 수 있는 일이기 때문입니다. 우리는 그저 하나님이 십자가에서 이루어 놓으신 것을 받아들이면 되는 것입니다.

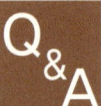

바른 예배를 위해 구체적으로 실천할 수 있는 내용이 아닌 것은 무엇입니까?

① 지각하지 말고 미리 와서 예배를 준비해야 합니다
② 똑바른 자세로 졸지 말고 예배 드려야 합니다
③ 지병이 있는 경우에 한해서만 음료를 마시도록 합니다
④ 귀한 자리이므로 유행에 맞는 고가의 옷과 가방을 준비해 나갑니다

정답: ④

예배를 드릴 때 얻는 좋은 점

믿음이 적은 이들은 예배를 드리는 것이 시간 낭비라고 생각합니다. 그리고 불신자들은 하나님의 존재를 부인하기 때문에 예배드리는 것 자체가 어리석은 행동이라고 비아냥거립니다. 그러나 성도들은 예배에 쏟는 시간과 정성과는 비교할 수 없는 큰 유익을 얻게 됩니다.

믿음을 확신합니다

예배를 통해서 하나님의 은혜를 체험하게 됩니다. 우리는 예배드리는 가운데 과거에는 알지 못한 채 지나왔던 일들이 하나님의 은혜였음을 깨닫고 감사의 고백을 드리게 됩니다. 그렇다면 하나님의 은혜는 구체적으로 무엇일까요? 하나님의 은혜는 믿음의 확신입니다. 즉 '믿어지는 은혜'입니다. 예수님께서 나의 죄를 대신하여 죽으셨고, 내 죄를 사해주셨다는 사실이 믿어지는 것입니다. 이는 내 안에 계신 성령님이 그런 확신을 주신다고 하는 증거입니다.

> 고린도전서 12:3
> 그러므로 내가 너희에게 알리노니 하나님의 영으로 말하는 자는 누구든지 예수를 저주할 자라 하지 아니하고 또 성령으로 아니하고는 누구든지 예수를 주시라 할 수 없느니라

예수님께서는 우리가 예수님의 이름으로 모인 그 자리마다 함께 계실 것(마 18:20)을 약속하셨을 뿐만 아니라 세상 끝 날까지 성도들과 함께 할 것(마 28:20)이라고 분명하게 약속하셨습니다.

마태복음 1:23 　(① 　　　　)와 함께 하시는 하나님
보라 처녀가 잉태하여 아들을 낳을 것이요 그의 이름은 임마누엘이라 하리라 하셨으니 이를 번역한즉 하나님이 우리와 함께 계시다 함이라

마태복음 18:20 　(② 　　　　)의 자리에 함께 하시는 하나님
두세 사람이 내 이름으로 모인 곳에는 나도 그들 중에 있느니라

마태복음 28:20 　(③ 　　　　)의 자리에 함께 하시는 하나님
내가 너희에게 분부한 모든 것을 가르쳐 지키게 하라 볼지어다 내가 세상 끝날까지 너희와 항상 함께 있으리라 하시니라

성령을 체험하고 영적인 힘을 얻습니다

예배의 자리에는 하나님께서 함께 하십니다. 베드로가 이방인 고넬료의 집에서 가정예배를 드릴 때에 성령의 임재를 체험했던 것처럼 성도들은 하나님께 예배 드릴 때에 성령의 임재를 강력하게 체험하게 됩니다. 그리고 찬송 중에 하나님께서 연약한 성도들을 통하여 권능을 세워가는 것을 경험하게 됩니다.

시편 8:2 　(④ 　　　　)을 세우시는 하나님
주의 대적으로 말미암아 어린 아이들과 젖먹이들의 입으로 권능을 세우심이여 이는 원수들과 보복자들을 잠잠하게 하려 하심이니이다

시편 22:3 　(⑤ 　　　　) 중에 임재하시는 하나님
이스라엘의 찬송 중에 계시는 주여 주는 거룩하시니이다

사도행전 10:44-46 　(⑥ 　　　　)의 체험
44. 베드로가 이 말을 할 때에 성령이 말씀 듣는 모든 사람에게 내려오시니 45. 베

■ 정답 : ① 우리 ② 예배 ③ 사명 ④ 권능 ⑤ 찬송 ⑥ 성령

드로와 함께 온 할례 받은 신자들이 이방인들에게도 성령 부어 주심으로 말미암아 놀라니 46. 이는 방언을 말하며 하나님 높임을 들음이러라

마음의 평안을 얻습니다

성경의 말씀처럼 우리가 삶 속에서 염려한다고 해서 문제가 해결되는 것은 아닙니다.(마 6:27) 도리어 염려할수록 더욱 불안해지고 고통만 가중될 뿐입니다. 그러나 예배를 드리는 가운데 염려와 두려움으로 가득했던 마음 속에 평안이 찾아오는 것을 경험하게 됩니다.

마태복음 6:27
너희 중에 누가 염려함으로 그 키를 한 자라도 더할 수 있겠느냐

요한복음 10:29
그들을 주신 내 아버지는 만물보다 크시매 아무도 아버지 손에서 빼앗을 수 없느니라

빌립보서 4:6-7
6. 아무 것도 염려하지 말고 다만 모든 일에 기도와 간구로, 너희 구할 것을 감사함으로 하나님께 아뢰라 7. 그리하면 모든 지각에 뛰어난 하나님의 평강이 그리스도 예수 안에서 너희 마음과 생각을 지키시리라

또한 우리는 삶의 현장에서 수많은 질병들을 보게 됩니다. 그 모든 질병이 악한 영의 공격 때문이라고 일반화하며 단정지을 수는 없습니다. 그렇지만 자신의 잘못된 생활 태도에 기인한 질병이 아니라 죄와 연관된 사탄의 공격에 의한 것이라면 자신의 죄를 회개하고 하나님께 예배 드려야 합니다. 바로 예배의 자리는 어둠의 권세와 사탄의 세력이 떠나가는 역사를 경험하는 자리입니다. 그 예배의 자리에서 하나님의 은혜를 통해 치유됩니다.

얽힌 실타래가 풀리고 화해하게 됩니다

사람들은 누구나 풀리지 않는 삶의 문제를 가지고 있습니다. 그러나 복음을 듣고 하나님께 예배를 드리는 중에 그 문제들이 해결되는 것을 경험하게 됩니다. 즉 가정의 실제적인 문제, 형제와 자녀들과의 관계의 문제 등이 하나님의 돌보심 속에서 해결됩니다.

마태복음 18:19 (①   ) 기도
진실로 다시 너희에게 이르노니 너희 중의 두 사람이 땅에서 합심하여 무엇이든지 구하면 하늘에 계신 내 아버지께서 그들을 위하여 이루게 하시리라

사도행전 16:25-26 (②   )와 찬송
25. 한밤중에 바울과 실라가 기도하고 하나님을 찬송하매 죄수들이 듣더라 26. 이에 갑자기 큰 지진이 나서 옥터가 움직이고 문이 곧 다 열리며 모든 사람의 매인 것이 다 벗어진지라

성령의 열매를 맺게 됩니다

인생의 여정 속에서 진리를 알고 따르며 산다는 것은 중요한 일입니다. 왜냐하면 우리의 인생은 단 한번의 기회 밖에 없기 때문입니다. 그렇기 때문에 진리가 무엇인지 분별하는 것은 중요한 문제입니다. 참된 진리는 성령을 통하여 우리에게 주어집니다.(고전 2:10) 그리고 그 진리를 바로 알 때 우리는 자유하게 됩니다.(요 8:32)

예배는 하나님과 성도의 만남입니다. 예배의 자리에서 성도들은 죄와 허물, 부패함으로 얼룩진 자신의 실체를 마주 대하게 됩니다. 그리고 진심으로 회개합니다. 또한 우리에게 주시는 말씀을 통해 하나님의 뜻을 발견하게 되고, 삶 속에서

■ 정답 : ① 합심 ② 기도

그 말씀을 실천하기로 결단하게 됩니다. 삶의 현장에서는 이러한 과정을 통해서 우리의 신앙은 점차적으로 성숙해지며, 성령의 열매들을 맺게 됩니다.

요한복음 8:32   우리를 자유롭게 하는 (①   )
진리를 알지니 진리가 너희를 자유롭게 하리라

로마서 12:1-2   거룩한 산 제물로 드리는 (②   ) 예배
1. 그러므로 형제들아 내가 하나님의 모든 자비하심으로 너희를 권하노니 너희 몸을 하나님이 기뻐하시는 거룩한 산 제물로 드리라 이는 너희가 드릴 영적 예배니라   2. 너희는 이 세대를 본받지 말고 오직 마음을 새롭게 함으로 변화를 받아 하나님의 선하시고 기뻐하시고 온전하신 뜻이 무엇인지 분별하도록 하라

고린도전서 2:10   하나님의 뜻을 보이시는 (③   )
오직 하나님이 성령으로 이것을 우리에게 보이셨으니 성령은 모든 것 곧 하나님의 깊은 것까지도 통달하시느니라

갈라디아서 5:22-23   삶 속에 맺혀지는 (④   )의 열매
22. 오직 성령의 열매는 사랑과 희락과 화평과 오래 참음과 자비와 양선과 충성과
23. 온유와 절제니 이같은 것을 금지할 법이 없느니라

디모데후서 2:15   진리를 추구하는 삶
너는 진리의 말씀을 옳게 분별하며 부끄러울 것이 없는 일꾼으로 인정된 자로 자신을 하나님 앞에 드리기를 힘쓰라

요한일서 5:6   (⑤   )이신 성령
6. 이는 물과 피로 임하신 이시니 곧 예수 그리스도시라 물로만 아니요 물과 피로 임하셨고 증언하는 이는 성령이시니 성령은 진리니라

■ 정답 : ① 진리 ② 영적 ③ 성령 ④ 성령 ⑤ 진리

 예배를 드릴 때 얻는 좋은 점은 무엇인지 모두 고르십시오.

① 믿음을 확신합니다

② 성령을 체험하고 영적인 힘을 얻습니다

③ 마음의 평안을 얻습니다

④ 성령의 열매를 맺게 됩니다

정답 ①②③④

나눔

1. 예배를 통해 받은 은혜와 그 은혜로 자신의 삶이 어떻게 바뀌었는지 구체적으로 함께 이야기해 주십시오.

2. 주일 예배를 드리는 '나'의 자세를 생각해 봅시다. 예배 참석을 위해 제일 많이 신경을 쓰고 시간을 할애해 준비하는 것은 무엇입니까? 그리고 예배 중에 제일 많이 신경을 쓰는 것은 무엇입니까? '나'의 자세 중에 바람직한 점은 무엇인지, 고쳐야 할 점은 무엇인지 이야기해 주십시오.

Chapter 04

성경

생각하기

성경이란 무엇일까요?
_____
_____
_____
_____

나에게 있어 성경은 무엇입니까?
_____
_____
_____
_____

　인생의 여정을 걷다보면 수많은 선택의 순간을 만나게 됩니다. 그때마다 우리는 선택을 위한 갈등을 합니다. 그 때에 무엇을 기준으로 선택해야 할까요? 우리는 하나님의 자녀들은 언제나 '하나님의 뜻'을 따라 선택해야 합니다. 그런데 우리는 어디에서 하나님의 뜻을 알 수 있을까요?

성경을 아십니까?

예수 그리스도의 이야기입니다

성경은 하나님의 말씀으로 신약(27권)과 구약(39권)으로 이루어져 있는데, 이는 살아계신 하나님께서 우리들에게 주시는 하나님의 음성입니다. 그렇기 때문에 세상의 소설이나 에세이, 시를 읽듯이 읽어서는 안 됩니다. 전체 성경을 꿰뚫고 있는 주제인 '예수 그리스도'를 중심으로 읽어야 합니다.

누가복음 24:27   '(①   )에 관한 것'
이에 모세와 모든 선지자의 글로 시작하여 모든 성경에 쓴 바 자기에 관한 것을 자세히 설명하시니라

요한복음 5:39   '성경은 내게 대하여 (②   )하는 것'
너희가 성경에서 영생을 얻는 줄 생각하고 성경을 연구하거니와 이 성경이 곧 내게 대하여 증언하는 것이니라

한편, 성경은 약 1500년에서 1800년에 걸쳐 기록된 책입니다. 서로 다른 시대, 다른 공간에서 살았던 40여명의 저자였지만, 그 주제와 내용에는 통일성이 있습니다. 즉, 성경의 주제는 '예수 그리스도'입니다. 39권의 책으로 구성된 구약성경은 '오실 메시야'에 대해서 예언의 말씀으로 소개가 되고 있으며, 27권의 책으로 구성된 신약성경은 '오신 메시야, 즉 예수 그리스도'를 소개하고 있습니다. 즉 구약성경이나 신약성경의 기록 목적이나 관심사는 모두 '예수 그리스도'에게 초점을 맞추고 있다는 것입니다.

▌정답 : ① 자기 ② 증언

하나님의 영감(靈感)으로 기록되었습니다

　세상의 책들은 사람들의 생각이나 경험을 토대로 쓰여졌지만 성경은 다릅니다. 성경도 사람들의 손으로 기록된 책이지만 그 근본적인 내용들은 모두 하나님께서 사람에게 영감을 주어서 기록하게 하셨다는 것입니다. 그런 점에서 우리는 성경을 '하나님의 말씀'이라고 고백합니다. 따라서 성경의 모든 내용들을 신뢰하며 믿음으로 받아야 합니다.

디모데후서 3:16　하나님의 (① 　　　　)으로 된 성경
모든 성경은 하나님의 감동으로 된 것으로 교훈과 책망과 바르게 함과 의로 교육하기에 유익하니

Tip 성경을 '하나님의 말씀'이라 말하는 이유는 무엇 때문인가요?

　성경에는 우리 사람들의 일상과 인생이 그대로 담겨 있습니다. 선한 것, 추악한 것이 모두 기록되었는데, 이는 우리에게 가르침을 주고 삶을 교정시켜 주면서 하나님의 뜻을 계시하기 위함입니다. 그리고 모든 내용을 사람이 기록했지만, 성경은 하나님의 말씀입니다. 다음은 그 이유입니다.

1. 하나님의 지시와 감동으로 기록된 책이기 때문입니다.(렘 36:1-2, 딤후 3:16) 약 1500년에 걸쳐, 40명의 저자에 의해 기록되었음에도 주제가 동일하고 일관성이 있습니다.(눅 24:27)
2. 예수님께서 성경을 하나님의 말씀이라고 증거 하셨기 때문입니다.(막 7:13, 마 4:4)
3. 예언이 그대로 성취되었기 때문입니다.(사 7:14, 마 1:23, 미 5:2, 마 2:5-6)
4. 성경말씀대로 행할 때 성품이 변화되고 질병이 고침받기 때문입니다. 세상의 어떤 책도 읽기만 하는데 병이 낫는 책은 없습니다.(시 107:20, 고후 4:16, 고후 5:17, 골 3:9-10)

■ 정답 : ① 감동

약속이 어떻게 성취되는지 보여줍니다

기독교의 시간관은 '직선적인 시간관'입니다. 즉 역사는 창조로부터 시작되었고 마지막 때를 향하여 진행되고 있습니다. 이러한 시간의 주인은 '하나님'입니다. 하나님은 태초에 천지만물을 창조하셨고 마지막 종말의 때에 모든 것을 결산하시는 분입니다. 하나님께서는 역사 속에서 하나님이 하실 일들을 선지자를 통해 말씀하셨고 또 그 말씀을 성취하셨습니다. 성경은 이처럼 하나님의 약속의 말씀과 성취에 대해서 자세히 소개해 주는 책입니다.

예레미야 33:2
일을 행하시는 여호와, 그것을 만들며 성취하시는 여호와, 그의 이름을 여호와라 하는 이가 이와 같이 이르시도다

영적인 힘을 지니고 있습니다

성경이 세상의 책들과 다른 이유는 하나님의 말씀이 갖는 영적인 능력 때문입니다. 그래서 성경을 읽고 묵상하는 사람들은 자신도 모르는 사이에 영적인 권세와 능력을 얻게 됩니다. 과거에는 작은 문제에도 흔들리고 염려하던 사람이 성경 말씀을 많이 묵상하게 되면서 담대해집니다.

이러한 영적인 능력을 '성령의 검'(엡 6:17)이라고 표현합니다. 큰 문제가 닥쳐와도 더 이상 흔들리지 않고 믿음으로 그 문제들을 헤쳐 나가기 때문입니다. 예수님도 광야에서 사탄의 유혹을 받을 때 하나님의 말씀으로 승리(마 4:4)하셨던 것을 복음서에서는 분명히 기록하고 있습니다.

그리고 에베소서에서는 영적 전쟁에 있어 유일한 공격무기는 성령의 검인 하나님의 말씀 뿐이라고 증언하고 있습니다. 이처럼 성도들도 하나님의 말씀을 가지고 사탄을 대적하면 승리하게 됩니다. 그것은 하나님의 말씀 안에 놀라운 영적

권위가 있기 때문입니다. 기도할 때에도 마찬가지입니다. 하나님의 말씀에 근거해서 기도하면 기적이 일어나는 것을 체험하게 됩니다.

에베소서 6:17 (①   )의 검
구원의 투구와 성령의 검 곧 하나님의 말씀을 가지라

데살로니가전서 2:13 믿는 자 가운데서 (②   )하는 말씀
이러므로 우리가 하나님께 끊임없이 감사함은 너희가 우리에게 들은 바 하나님의 말씀을 받을 때에 사람의 말로 받지 아니하고 하나님의 말씀으로 받음이니 진실로 그러하도다 이 말씀이 또한 너희 믿는 자 가운데에서 역사하느니라

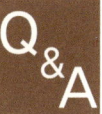

다음은 성경에 대한 내용입니다. 맞는 것을 모두 고르십시오.
① 예수 그리스도의 이야기입니다
② 각기 다른 저자에 의해 기록된 소설과 비슷한 책입니다
③ 하나님이 우리에게 하신 약속이 어떻게 성취되는지 보여줍니다
④ 영적인 힘을 지니고 있습니다

정답 : ①③④

성경이 왜 필요할까요?

거울이기 때문입니다

거울을 보면서 자신의 현재의 모습을 발견하는 것처럼 성경을 통해서 우리 자신의 내면과 삶의 모습을 바로 보게 됩니다.

■ 정답 : ① 성령 ② 역사

디모데후서 3:16 '(①   )하기에 유익하니'
모든 성경은 하나님의 감동으로 된 것으로 교훈과 책망과 바르게 함과 의로 교육하기에 유익하니

히브리서 4:12 '마음의 생각과 뜻을 (②   )하나니'
하나님의 말씀은 살아 있고 활력이 있어 좌우에 날선 어떤 검보다도 예리하여 혼과 영과 및 관절과 골수를 찔러 쪼개기까지 하며 또 마음의 생각과 뜻을 판단하나니

지도이기 때문입니다

여행 목적지까지 안전하게 여정을 인도하는 지도나 네비게이션은 여행자에게 있어 필수적인 것입니다. 마찬가지로 성경은 신앙인으로서 우리가 가야할 목적지를 정확하게 알려주고 있습니다.

시편 119:105
주의 말씀은 내 발에 등이요 내 길에 빛이니이다

모범 답안지이기 때문입니다

우리가 살아가는 인생은 한 번 밖에 주어지지 않습니다. 인간의 문명이 발달하고 지식이 축적된다고 하더라도 우리는 한 치 앞을 볼 수 없는 연약한 사람들입니다. 그리고 인생의 여정에서 수많은 선택의 기로에 서게 됩니다. 그 때, 지혜로운 선택을 하도록 인생의 모범답안지로서 존재하는 것이 성경입니다.

▮ 정답 : ① 교육 ② 판단

요한계시록 1:3
이 예언의 말씀을 읽는 자와 듣는 자와 그 가운데에 기록한 것을 지키는 자는 복이 있나니 때가 가까움이라.

엄청난 능력이기 때문입니다

창조의 능력

창세기 1:1
태초에 하나님이 천지를 창조하시니라

로마서 4:17
기록된 바 내가 너를 많은 민족의 조상으로 세웠다 하심과 같으니 그가 믿은 바 하나님은 죽은 자를 살리시며 없는 것을 있는 것으로 부르시는 이시니라

하나님께서는 말씀의 사람들을 통해서 역사를 주관해 가십니다. 말씀을 통해서 하나님의 뜻을 보이시고 새로운 창조의 역사들을 이루어가십니다.

하나님께서는 하나님의 말씀에 붙잡힌 사람 마틴 루터(Martin Luther)를 통하여 타락한 로마 카톨릭에 대항하여 종교개혁을 이루게 하셨습니다. : (①   ) 체험

Martin Luther (1483~1546)　　John Wesley (1703~1791)

그리고 하나님께서는 '한 책의 사람'이라고 불렸던 존 웨슬리(John Wesley)를 통해 영국사회를 변화시키고 선교의 사명을 감당하게 하셨습니다. : (②   ) 체험

그리고 새로운 창조의 역사들은 오늘도 하나님의 말씀을 통해서 이루어지고 있습니다.

■ 정답 : ① 탑 ② 올더스게이트

생명을 살리는 능력

예수님께서는 '말씀'이 '육신'이 되어 우리에게 오신 분(요 1:14)입니다. 말씀으로 우리에게 오신 그 예수님은 우리의 삶 속에 영광과 은혜와 진리가 충만토록 이끌어 가십니다. 그리고 예수님께서는 제자들에게 자신을 가리켜 '길'이요 '진리'요 '생명'(요 14:6)이라고 말씀하셨습니다. 길이요 진리요 생명이 되신 예수님을 통해 영생을 얻게 된다는 것입니다.

요한복음 1:14
말씀이 육신이 되어 우리 가운데 거하시매 우리가 그의 영광을 보니 아버지의 독생자의 영광이요 은혜와 진리가 충만하더라

요한복음 14:6
예수께서 이르시되 내가 곧 길이요 진리요 생명이니 나로 말미암지 않고는 아버지께로 올 자가 없느니라

한편 생명을 살리신 능력을 보여 주신 구체적인 사건들은 성경 속에 기록되어 있습니다. 예수님께서는 회당장 야이로의 죽은 딸을 살리셨고(막 5장), 죽은 나사로를 살리셨습니다.(요 11장) 그리고 예수님께서는 죽음을 이기시고 부활하셨습니다.(요 20장)

기적의 능력

하나님의 말씀 속에는 '기적의 능력'이 있습니다. 만물이 하나님의 말씀 앞에 복종합니다. 성경 속에는 자연, 영적인 세력들 등 말씀 앞에 복종하는 모습을 소개하고 있습니다.

마가복음 4:37-39
37. 큰 광풍이 일어나며 물결이 배에 부딪쳐 들어와 배에 가득하게 되었더라 38. 예수께서는 고물에서 베개를 베고 주무시더니 제자들이 깨우며 이르되 선생님이여 우리가 죽게 된 것을 돌보지 아니하시나이까 하니 39. 예수께서 깨어 바람을 꾸짖으시며 바다더러 이르시되 잠잠하라 고요하라 하시니 바람이 그치고 아주 잔잔하여지더라

그리고 말씀에 복종할 때에 삶 속에서 기적의 역사를 경험하게 됩니다.

여호수아 6:1-5 (①   ) 체험
1. 이스라엘 자손들로 말미암아 여리고는 굳게 닫혔고 출입하는 자가 없더라 2. 여호와께서 여호수아에게 이르시되 보라 내가 여리고와 그 왕과 용사들을 네 손에 넘겨 주었으니 3. 너희 모든 군사는 그 성을 둘러 성 주위를 매일 한 번씩 돌되 엿새 동안을 그리하라 4. 제사장 일곱은 일곱 양각 나팔을 잡고 언약궤 앞에서 나아갈 것이요 일곱째 날에는 그 성을 일곱 번 돌며 그 제사장들은 나팔을 불 것이며 5. 제사장들이 양각 나팔을 길게 불어 그 나팔 소리가 너희에게 들릴 때에는 백성은 다 큰 소리로 외쳐 부를 것이라 그리하면 그 성벽이 무너져 내리리니 백성은 각기 앞으로 올라갈지니라 하시매

누가복음 5:3-6 (②   )의 체험
3. 예수께서 한 배에 오르시니 그 배는 시몬의 배라 육지에서 조금 떼기를 청하시고 앉으사 배에서 무리를 가르치시더니 4. 말씀을 마치시고 시몬에게 이르시되 깊은 데로 가서 그물을 내려 고기를 잡으라 5. 시몬이 대답하여 이르되 선생님 우리들이 밤이 새도록 수고하였으되 잡은 것이 없지마는 말씀에 의지하여 내가 그물을 내리리이다 하고 6. 그렇게 하니 고기를 잡은 것이 심히 많아 그물이 찢어지는지라

▌정답 : ① 여리고 ② 베드로

우리의 삶에서 성경은 왜 필요할까요? 맞는 것을 모두 고르십시오.

① 삶을 비춰주는 거울이기 때문입니다
② 바른 길을 가고 있는지 알려주는 지도이기 때문입니다
③ 바른 삶을 보여주는 모범 답안지이기 때문입니다
④ 세상에서 힘있는 이익집단을 만들 때 필요한 공동 화제가 되기 때문입니다

정답 ①②③

말씀을 어떻게 읽어야 할까요?

사랑의 편지라 생각하고 묵상합니다

시편 1편에 보면 '복 있는 사람'의 조건은 두 가지입니다. 첫째가 죄를 가까이 하지 않는 것이고, 둘째는 하나님의 말씀을 즐거워하여 낮과 밤으로 그 말씀을 묵상하는 것입니다. 성도들은 때때로 의무감으로 성경을 대합니다. 그러지 말고 나에게 주시는 하나님의 사랑의 편지라고 생각하고 그 말씀을 묵상해야 합니다. 그럴 때에 큰 유익을 경험하게 됩니다. 또 그런 체험이 쌓여가면서 말씀을 묵상하는 것은 큰 즐거움이 됩니다.

시편 1:1-2
1. 복 있는 사람은 악인들의 꾀를 따르지 아니하며 죄인들의 길에 서지 아니하며 오만한 자들의 자리에 앉지 아니하고 2. 오직 여호와의 율법을 즐거워하여 그의 율법을 주야로 묵상하는도다

공동체에서 모두 함께 읽습니다

개인적인 성경공부와 묵상도 좋지만 교회 공동체에서 실시하는 공동체의 성경공부에 적극적으로 참여하는 것이 바람직합니다. 왜냐하면 개인적인 성경공부에만 집중하게 되면 말씀을 오해하거나 곡해할 위험성이 있고, 이로 인해 잘못된 신앙생활을 하는 경우도 있기 때문입니다. 하나님의 말씀인 성경은 개인적인 주관과 편견 속에서 마음대로 해석해서는 안 되는 것입니다.(벧후 1:20-21) 그렇기 때문에 목회자의 지도 아래 이루어지는 성경공부에 적극적으로 참여하여 성경말씀을 바르고, 깊이 있게 배워야 합니다.(롬 10:17)

> 로마서 10:17
> 그러므로 믿음은 들음에서 나며 들음은 그리스도의 말씀으로 말미암았느니라
>
> 베드로후서 1:20-21
> 20. 먼저 알 것은 성경의 모든 예언은 사사로이 풀 것이 아니니 21. 예언은 언제든지 사람의 뜻으로 낸 것이 아니요 오직 성령의 감동하심을 받은 사람들이 하나님께 받아 말한 것임이라

읽은 말씀을 마음에 새깁니다

성경을 읽고 묵상하는 것도 좋지만 가능한 한 많은 말씀을 암송하는 것이 좋습니다. 인생에서 갑작스럽게 어려움에 직면하면 두려움과 염려, 걱정에 휩싸이게 됩니다. 그런데 바로 그때 성령께서 암송하고 있는 성경말씀을 생각나게 하시고 그 말씀으로 인해 힘을 얻게 하시기 때문입니다. 즉 암송해 둔 말씀은 위기를 극복하게 하는 능력이 됩니다.

신명기 6:6-9   (①)의 말씀

6. 오늘 내가 네게 명하는 이 말씀을 너는 마음에 새기고 7. 네 자녀에게 부지런히 가르치며 집에 앉았을 때에든지 길을 갈 때에든지 누워 있을 때에든지 일어날 때에든지 이 말씀을 강론할 것이며 8. 너는 또 그것을 네 손목에 매어 기호를 삼으며 네 미간에 붙여 표로 삼고 9. 또 네 집 문설주와 바깥 문에 기록할지니라

여호수아 1:8

이 율법책을 네 입에서 떠나지 말게 하며 주야로 그것을 묵상하여 그 안에 기록된 대로 다 지켜 행하라 그리하면 네 길이 평탄하게 될 것이며 네가 형통하리라

잠언 6:23

대저 명령은 등불이요 법은 빛이요 훈계의 책망은 곧 생명의 길이라

 성경은 어떻게 읽어야 할까요? 적합하지 않은 것을 고르십시오.

① 사랑의 편지라 생각하고 묵상합니다

② 공동체에서 모두 함께 읽으며 그 의미를 나눕니다

③ 읽은 말씀을 암송합니다

④ 개인적인 취향과 감성을 기반으로 혼자서 해석합니다

④ : 정답

정답 : ① 쉐마

말씀을 읽으면 어떤 좋은 점이 있을까요?

구원을 받게 됩니다

성경 속에는 많은 은혜의 이야기들이 담겨져 있습니다. 죄로 인해 멸망할 수밖에 없는 인간의 상황, 이러한 죄를 해결하기 위해서 독생자까지도 아낌없이 내어주신 하나님의 사랑, 십자가의 고난을 이기시고 부활하셔서 영생의 길을 열어주신 예수님의 은혜가 기록되어 있습니다. 하나님은 사람들을 선택하시고 성령의 감동으로 이러한 모든 이야기를 기록하게 하셨습니다. 이 성경으로 인해 오늘날 전 세계의 사람들이 하나님의 뜻을 알게 되었고, 또 예수님의 십자가의 구속의 은혜를 믿음으로 고백하여 구원을 얻게 되었습니다.

요한복음 20:31 (①   )을 얻게 하는 말씀
오직 이것을 기록함은 너희로 예수께서 하나님의 아들 그리스도이심을 믿게 하려 함이요 또 너희로 믿고 그 이름을 힘입어 생명을 얻게 하려 함이니라

디모데후서 3:15 구원에 이르게 하는 (②   )를 담은 말씀
또 어려서부터 성경을 알았나니 성경은 능히 너로 하여금 그리스도 예수 안에 있는 믿음으로 말미암아 구원에 이르는 지혜가 있게 하느니라

무디(D.L. Moody)
"나는 믿음을 달라고 기도했다. 그리고 어느 날 믿음이 하늘로부터 번개같이 뚝 떨어질 것을 기대했다. 그러나 믿음은 오는 것 같지 않았다. 어느 날 나는 로마서 10장을 읽었다. '그러므로 믿음은 들음에서 나며 들음은 그리스도의 말씀으로 말미암았느니라' 지금까지 나는 성경을 덮어 놓고 믿음을 위해 기도만 했다. 그러나 성경을 펴고 공부하기 시작하자 믿음은 줄곧 자라나기 시작했다."
– 한국대학생선교회,'신앙생활의 성장을 위한 CCC 10단계 성경교재', 순출판사 2003,216

▎정답 : ① 생명 ② 지혜

믿음이 단단해집니다

성경말씀을 배우고, 듣고, 개인적으로 묵상하는 것은 건강한 신앙생활의 기초입니다. 이러한 성경공부의 유익은 성경에 대한 지식을 넘어 믿음의 견고함을 이루게 됩니다. 그리고 말씀의 능력을 체험할 뿐만 아니라 말씀에 의지하여 기도할 때 놀라운 기적도 경험하게 됩니다.

에베소서 4:13-14　하나님의 아들을 (①　　　　) 것과 (②　　　　) 일에 (③　　　　)가 되

13. 우리가 다 하나님의 아들을 믿는 것과 아는 일에 하나가 되어 온전한 사람을 이루어 그리스도의 장성한 분량이 충만한 데까지 이르리니 14. 이는 우리가 이제부터 어린 아이가 되지 아니하여 사람의 속임수와 간사한 유혹에 빠져 온갖 교훈의 풍조에 밀려 요동하지 않게 하려 함이라

영적 성장이 따릅니다

우리가 육체적 건강을 위해서는 양식을 먹듯이 우리의 영혼도 마찬가지입니다. 건강하고 성숙한 영을 위해서는 영의 양식을 먹어야 합니다. 이 영의 양식이 바로 성경말씀입니다. 하나님의 자녀들인 성도들은 반드시 성경말씀을 가까이 하며 묵상해야 합니다.

베드로전서 2:2　(④　　　　)에 이르도록 자라게 하는 말씀

갓난 아기들 같이 순전하고 신령한 젖을 사모하라 이는 그로 말미암아 너희로 구원에 이르도록 자라게 하려 함이라

▌정답 : ① 믿는 ② 아는 ③ 하나 ④ 구원

하나님의 바른 규범을 알게 됩니다

사람은 누구나 온전한 인생을 살기 원하지만 사실 어떻게 사는 것이 온전하게 사는 것인지 아는 사람이 없습니다. 그저 세상의 법을 잘 준수하면서 살면 그것이 온전한 삶일까요? 성경은 하나님의 말씀을 따라 사는 삶이 세상을 하나님의 자녀답게 살아가는 바른 규범임을 분명하게 가르쳐 주고 있습니다.

시편 119:9
청년이 무엇으로 그의 행실을 깨끗하게 하리이까 주의 말씀만 지킬 따름이니이다

로마서 15:4
무엇이든지 전에 기록된 바는 우리의 교훈을 위하여 기록된 것이니 우리로 하여금 인내로 또는 성경의 위로로 소망을 가지게 함이니라

고린도전서 10:11
그들에게 일어난 이런 일은 본보기가 되고 또한 말세를 만난 우리를 깨우치기 위하여 기록되었느니라

디모데후서 3:16-17
16. 모든 성경은 하나님의 감동으로 된 것으로 교훈과 책망과 바르게 함과 의로 교육하기에 유익하니 17. 이는 하나님의 사람으로 온전하게 하며 모든 선한 일을 행할 능력을 갖추게 하려 함이라

또한 신앙생활을 통해서 인생에 대한 직관력과 통찰력을 얻게 됩니다. 이 직관력과 통찰력을 통해서 인생의 의미와 가치를 깨닫게 되어 바른 삶을 살게 됩니다.

시편 119:105
주의 말씀은 내 발에 등이요 내 길에 빛이니이다

성공적이고 가치 있는 삶을 살게 됩니다

모든 사람에게 인생은 한 번만 주어집니다. 그래서 사람들은 후회 없는 삶을 살아가려고 나름대로 계획과 목표를 세우고 삶을 살아갑니다. 그러나 그 인생이 성공적이고 후회 없는 인생이 되는지는 마지막에 가서야 알 수 있습니다. 인생의 마지막 때를 바라보며 오늘을 살아가는 신앙인들은 하나님의 말씀을 따라 신앙생활을 하기에 후회가 아니라 감사하는 삶을 살게 됩니다.

존 웨슬리의 유언 - 존 웨슬리의 일기 중
"세상에서 제일 좋은 것은 하나님이 우리와 함께 계시는 것이다."
(The best of all is, Good is with us.)

이와 같이 성공적이고 가치 있는 삶을 살 수 있는 비결은 바로 성경적인 삶에 있습니다. 첫째, 성경 속에서 하나님의 도움으로 문제를 이겨낸 이야기들을 보면서 인생의 위기를 극복하게 됩니다. 둘째, 성경은 우리에게 가치 있는 삶이 무엇인지를 가르쳐 줍니다. 항상 기뻐하고 서로 사랑하며 좋은 것을 나누는 삶을 통해 인생이 풍성해지고 행복한 삶을 누리게 됩니다.

마태복음 5:13-16 (①   )과 (②   )같은 성도의 삶
13. 너희는 세상의 소금이니 소금이 만일 그 맛을 잃으면 무엇으로 짜게 하리요 후에는 아무 쓸 데 없어 다만 밖에 버려져 사람에게 밟힐 뿐이니라 14. 너희는 세상의 빛이라 산 위에 있는 동네가 숨겨지지 못할 것이요 15. 사람이 등불을 켜서 말 아래에 두지 아니하고 등경 위에 두나니 이러므로 집 안 모든 사람에게 비치느니라 16. 이같이 너희 빛이 사람 앞에 비치게 하여 그들로 너희 착한 행실을 보고 하늘에 계신 너희 아버지께 영광을 돌리게 하라

■ 정답 : ① 빛 ② 소금

영적 전쟁에서 승리하게 됩니다

하나님의 전신갑주에 대해서 설명하고 있는 에베소서 6장에는 '하나님의 말씀'을 '성령의 검'으로 표현하고 있습니다. 그리고 마태복음 4장에서도 예수님께서 마귀의 시험을 이기신 비결이 자신의 힘이나 능력이 아닌 하나님의 말씀이었다고 소개하고 있습니다. 이러한 사실을 통해서 우리는 하나님의 말씀이 하나님의 능력이 됨을 알아야 합니다. 평소에 하나님의 말씀을 많이 묵상한다면 우리는 영적 전쟁에서 승리할 수 있습니다.

마태복음 4:4 (①   )으로 사는 삶
예수께서 대답하여 이르시되 기록되었으되 사람이 떡으로만 살 것이 아니요 하나님의 입으로부터 나오는 모든 말씀으로 살 것이라 하였느니라 하시니

에베소서 6:17 (②   )의 검인 하나님의 말씀
구원의 투구와 성령의 검 곧 하나님의 말씀을 가지라

우리는 신앙생활을 통해서 눈에 보이는 이 세상이 전부가 아니라 영적 세계가 존재하고 있으며 또 자연세계가 영적 세계에 의해 다스려지고 있음을 발견하게 됩니다. 하나님의 말씀을 통해서 영적 전쟁의 승리와 기적을 체험하게 됩니다.

에베소서 6:12
우리의 씨름은 혈과 육을 상대하는 것이 아니요 통치자들과 권세들과 이 어둠의 세상 주관자들과 하늘에 있는 악의 영들을 상대함이라

히브리서 11:3
보이는 것은 나타난 것으로 말미암아 된 것이 아니라

요한일서 5:4 (③   )으로 세상을 이기는 삶
무릇 하나님께로부터 난 자마다 세상을 이기느니라 세상을 이기는 승리는 이것이니 우리의 믿음이니라

■ 정답 : ① 말씀 ② 성령 ③ 믿음

나눔

1. 성경 말씀이 인생의 나침반과 지침서가 되었던 경험이 있습니까? 언제였고 어떤 상황이었는지, 그로 인해 어떻게 되었는지 구체적으로 이야기해 주십시오.

   _____
   _____
   _____

2. 자신이 가장 좋아하는 성경말씀이 있습니까? 무엇인지 소개하고, 왜 그렇게 되었는지 이유를 나누어 주십시오.

   _____
   _____
   _____

3. 성경을 읽는 '나'의 자세를 생각해 봅시다. 하루에 얼마나 시간을 할애하십니까? 얼마나 암송하십니까? 성경 읽기를 위한 바람직한 방향을 구체적으로 생각해 봅시다.

   _____
   _____
   _____

Chapter 05

기도

생각하기

기도란 무엇일까요?

_____

_____

나의 기도 생활은 어떠한가요?

_____

_____

    하나님께서 성경말씀을 통하여 하나님의 뜻을 알려 주신다면 우리는 기도를 통해서 하나님께 마음을 전하게 됩니다. 그렇기 때문에 기도는 신앙생활에 매우 중요한 핵심적인 것입니다. 일반적인 대화가 상호간에 이루어지는 것처럼 하나님과의 대화인 기도 역시 하나님과 성도의 관계 속에서 이루어지는 것입니다. 이러한 기도를 통하여 성도들은 하나님의 뜻을 이해하게 되고 신앙은 깊어지게 됩니다. 그리고 더 나아가 삶 속에서 하나님의 도우심을 경험하고 기적을 체험하게 됩니다.

기도는 무엇일까요?

영적으로 숨을 쉬는 것입니다.

하나님의 말씀인 성경이 '영의 양식'이라면 기도는 '영의 호흡'이라 말할 수 있습니다. 사람들 중에 숨 쉬지 않고 살 수 있는 사람은 없습니다. 마찬가지도 우리가 영적으로 살아 숨쉬기 위해서는 반드시 영적인 호흡이 필요합니다. 호흡을 통해 피가 순환되고 심령이 정화되듯이 기도를 통해 영혼에 필요한 생명과 능력을 공급받고 마음에 염려, 근심, 걱정, 불안, 억압, 고통, 질병 등을 몰아 내는 것입니다. 그렇기 때문에 영적인 건강을 위해서 영적인 호흡인 기도를 멈추어서는 안 됩니다.

> 골로새서 4:2
> 기도를 계속하고 기도에 감사함으로 깨어 있으라
>
> 데살로니가전서 5:17 멈추지 말하야 할 (①   )
> 쉬지 말고 기도하라

하나님과 대화하는 것입니다

비행기를 타고 높은 고도에서 창 밖을 보면 지상에 있는 모든 것들이 거의 보이지 않습니다. 천지만물을 창조하신 하나님이 우리 사람들을 보실 때도 그와 같을 것입니다. 그러나 하나님께서는 티끌과 같이 작은 존재인 사람들과 대화하기를 원하셨고 '기도'라는 방법을 통해 대화의 통로를 열어 주셨습니다. 그래서 우리

■ 정답 : ① 기도

는 기도를 통해서 하나님과 대화하면서 친밀한 관계를 맺어 나가게 됩니다. 그런 점에서 기도는 의무이기보다는 우리에게 주신 특권이며 축복의 기회입니다.

시편 102:17
여호와께서 빈궁한 자의 기도를 돌아보시며 그들의 기도를 멸시하지 아니하셨도다

예레미야 29:12-13　(①　　　　　)를 들으시는 하나님
12. 너희가 내게 부르짖으며 내게 와서 기도하면 내가 너희들의 기도를 들을 것이요
13. 너희가 온 마음으로 나를 구하면 나를 찾을 것이요 나를 만나리라

대화는 솔직해야 합니다. 힘들고 어려운 일에 대해서도 있는 그대로 말해야 합니다. 감사와 기쁨의 기도도 중요하지만 인생은 희노애락을 모두 담고 있으므로 우리의 삶을 진솔하게 보여주며 어려움을 고백하고 도움을 구할 수도 있는 것입니다.

마태복음 26:36-39　(②　　　　　　)의 기도
36. 이에 예수께서 제자들과 함께 겟세마네라 하는 곳에 이르러 제자들에게 이르시되 내가 저기 가서 기도할 동안에 너희는 여기 앉아 있으라 하시고　37. 베드로와 세베대의 두 아들을 데리고 가실새 고민하고 슬퍼하사　38. 이에 말씀하시되 내 마음이 매우 고민하여 죽게 되었으니 너희는 여기 머물러 나와 함께 깨어 있으라 하시고　39. 조금 나아가사 얼굴을 땅에 대시고 엎드려 기도하여 이르시되 내 아버지여 만일 할 만하시거든 이 잔을 내게서 지나가게 하옵소서 그러나 나의 원대로 마시옵고 아버지의 원대로 하옵소서 하시고

▎정답 : ① 기도　② 예수님

우리는 왜 기도할까요?

하나님을 닮아가기 위해서입니다

많은 시간을 함께 지내는 가족들은 서로 닮아가게 됩니다. 행동과 말투, 식성이나 생각까지 모든 부분에서 닮아가는데, 이는 함께 지내는 동안에 서로에게 영향을 받기 때문입니다. 기도도 마찬가지입니다. 기도는 하나님과 교제하는 일입니다. 그래서 기도생활을 통해서 하나님과 깊은 교제를 하게 되면 될수록 하나님을 더 깊이 알아가게 되고 닮아가게 됩니다. 즉 성도는 기도하는 가운데 하나님을 닮아가는 자신의 삶을 발견하게 됩니다. 결국 기도생활을 통해서 우리는 하나님을 닮은 성숙한 신앙인으로 성장해 갑니다.

> "우리의 기도는 우리의 진심을 하나님 앞에 토로하는 것입니다. 그렇지 않은 기도는 모두 위선입니다. 그러므로 우리는 기도할 때에 하나님과의 사귐을 유일한 목적으로 삼고 우리의 마음과 정성을 하나님께 다 드려야 합니다."
> - J. 웨슬리의 설교 「은혜의 수단」 중에서

영적인 능력을 받기 위해서입니다

살아가면서 어떤 능력을 갖는 것은 매우 중요합니다. 특별히 자연과학의 세계조차 영적인 것과 연관되어 있음을 생각할 때 영적인 능력을 갖추는 것은 무엇보다도 중요한 일일 것입니다. 우리는 기도를 통해서 하나님으로부터 이 능력을 받게 됩니다.

에스겔 36:37   하나님의 역사를 준비하는 기도
주 여호와께서 이같이 말씀하셨느니라 그래도 이스라엘 족속이 이같이 자기들에게 이루어 주기를 내게 구하여야 할지라

마태복음 26:39   (①   )의 기도
조금 나아가사 얼굴을 땅에 대시고 엎드려 기도하여 이르시되 내 아버지여 만일 할 만하시거든 이 잔을 내게서 지나가게 하옵소서 그러나 나의 원대로 마시옵고 아버지의 원대로 하옵소서 하시고

야고보서 5:17   (②   )의 기도
엘리야는 우리와 성정이 같은 사람이로되 그가 비가 오지 않기를 간절히 기도한즉 삼 년 육 개월 동안 땅에 비가 오지 아니하고

기도가 지닌 권세와 능력을 기억하며 구하고 찾는 기도를 드려야 합니다.

누가복음 11:9-10
9. 내가 또 너희에게 이르노니 구하라 그러면 너희에게 주실 것이요 찾으라 그러면 찾아낼 것이요 문을 두드리라 그러면 너희에게 열릴 것이니 10. 구하는 이마다 받을 것이요 찾는 이는 찾아낼 것이요 두드리는 이에게는 열릴 것이니라

누가복음 11:13
13. 너희가 악할지라도 좋은 것을 자식에게 줄 줄 알거든 하물며 너희 하늘 아버지께서 구하는 자에게 성령을 주시지 않겠느냐 하시니라

기도는 놀라운 능력을 가졌습니다. 성령을 받기 전의 초대교회 성도들은 두려움에 사로잡혀 있었습니다. 그러나 기도를 통해 성령을 받은 이후에는 사람들 앞에 담대히 나가 예수 그리스도의 복음을 증거하였습니다.

■ 정답 : ① 예수님 ② 엘리야

사도행전 2:1-4

1. 오순절 날이 이미 이르매 그들이 다같이 한 곳에 모였더니 2. 홀연히 하늘로부터 급하고 강한 바람 같은 소리가 있어 그들이 앉은 온 집에 가득하며 3. 마치 불의 혀처럼 갈라지는 것들이 그들에게 보여 각 사람 위에 하나씩 임하여 있더니 4. 그들이 다 성령의 충만함을 받고 성령이 말하게 하심을 따라 다른 언어들로 말하기를 시작하니라

삶의 모든 문제를 의논하기 위해서입니다

전능하신 하나님, 불가능이 없으신 하나님은 우리 삶의 어떤 문제라도 해결하지 못하실 것이 없습니다. 우리에게는 때로 어려운 문제인 것처럼 보여도 하나님께는 큰 문제가 아닙니다. 기도는 전능하신 하나님과의 관계를 맺는 것이기 때문에 아뢰고 의논하면 반드시 응답이 있습니다. 그렇기 때문에 우리는 하나님께 삶의 모든 문제를 의논하며 기도하고, 기대하고, 기다려야 합니다.

예레미야 33:3

너는 내게 부르짖으라 내가 네게 응답하겠고 네가 알지 못하는 크고 은밀한 일을 네게 보이리라

요한복음 15:7

너희가 내 안에 거하고 내 말이 너희 안에 거하면 무엇이든지 원하는 대로 구하라 그리하면 이루리라

야고보서 1:5

너희 중에 누구든지 지혜가 부족하거든 모든 사람에게 후히 주시고 꾸짖지 아니하시는 하나님께 구하라 그리하면 주시리라

야고보서 5:14-16 (①   )의 기도

14. 너희 중에 병든 자가 있느냐 그는 교회의 장로들을 청할 것이요 그들은 주의 이름으로 기름을 바르며 그를 위하여 기도할지니라 15. 믿음의 기도는 병든 자를 구원하리니 주께서 그를 일으키시리라 혹시 죄를 범하였을지라도 사하심을 받으리라 16. 그러므로 너희 죄를 서로 고백하며 병이 낫기를 위하여 서로 기도하라 의인의 간구는 역사하는 힘이 크니라

기도를 통해 우리가 가진 문제들이 해결되는 것을 알 수 있습니다.

출애굽기 17:8-13 (②   )의 기도

8. 그 때에 아말렉이 와서 이스라엘과 르비딤에서 싸우니라 9. 모세가 여호수아에게 이르되 우리를 위하여 사람들을 택하여 나가서 아말렉과 싸우라 내일 내가 하나님의 지팡이를 손에 잡고 산 꼭대기에 서리라 10. 여호수아가 모세의 말대로 행하여 아말렉과 싸우고 모세와 아론과 훌은 산 꼭대기에 올라가서 11. 모세가 손을 들면 이스라엘이 이기고 손을 내리면 아말렉이 이기더니 12. 모세의 팔이 피곤하매 그들이 돌을 가져다가 모세의 아래에 놓아 그가 그 위에 앉게 하고 아론과 훌이 한 사람은 이쪽에서, 한 사람은 저쪽에서 모세의 손을 붙들어 올렸더니 그 손이 해가 지도록 내려오지 아니한지라 13. 여호수아가 칼날로 아말렉과 그 백성을 쳐서 무찌르니라

또한 기도하면 얽혔던 실타래가 풀리듯 고민이 해결되고 사람들과 화해하는 것을 보게 됩니다.

마태복음 18:18

진실로 너희에게 이르노니 무엇이든지 너희가 땅에서 매면 하늘에서도 매일 것이요 무엇이든지 땅에서 풀면 하늘에서도 풀리리라

■ 정답 : ① 믿음 ② 모세

기도응답의 다섯가지 원칙

기도에 대한 응답은 한가지만 있는 것이 아닙니다. 기도에 대한 응답은 하나님께서 다양하게 역사하십니다. 하나님께 기도하였을 때 하나님께서는 크게 다섯 가지로 응답해 주십니다.

구 분	내용	예
첫 번째 응답	"좋다"	예루살렘교회 신자들이 투옥된 베드로의 석방을 위해 기도할 때
두 번째 응답	"안된다"	바울이 육신의 가시를 제거해 달라고 기도했을 때
세 번째 응답	"기다려라"	핍박받는 신자들이 예수님이 빨리 재림하시기를 간구할 때
네 번째 응답	"네가 할 일이다"	불치병으로 고통받는 환자를 살려달라고 간구할 때
다섯 번째 응답	"그 문제는 내가 알아서 하마"	아픈 사람이나 선교지를 위해 기도할 때

(프레드 크릭스 저, 김진우 역, 『기도에 대한 다섯가지 응답』, 한국기독학생회출판부(IVP), 2000) 중에서

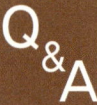 우리는 왜 기도할까요? 우리가 기도하는 이유로 맞는 것을 모두 고르십시오.

① 하나님과 인격적으로 대화하기 위해서 입니다
② 하나님을 닮기 위해서 입니다
③ 영적인 능력을 받기 위해서 입니다
④ 삶의 모든 문제를 의논하기 위해서 입니다

정답: ①②③④

기도는 어떻게 할까요?

진실한 마음으로 합니다

하나님은 우리의 마음을 아십니다. 그렇기 때문에 하나님 앞에서 언제나 진실해야 합니다. 그래서 예수님께서는 제자들에게 기도를 가르치실 때에 '중언부언하지 말라'(마 6:7)고 말씀하셨습니다. 즉 의미 없는 미사여구(美辭麗句)를 사용하는 유창한 기도보다는 하나님 앞에 진실한 마음으로 드리는 것이 더 중요하다는 의미입니다.

> 시편 66:18
> 내가 나의 마음에 죄악을 품었더라면 주께서 듣지 아니하시리라

> 시편 139:2-4
> 2. 주께서 내가 앉고 일어섬을 아시고 멀리서도 나의 생각을 밝히 아시오며 3. 나의 모든 길과 내가 눕는 것을 살펴 보셨으므로 나의 모든 행위를 익히 아시오니 4. 여호와여 내 혀의 말을 알지 못하시는 것이 하나도 없으시니이다

하나님이 듣고 응답하심을 믿는 마음으로 합니다

성도의 기도는 허공에 메아리치는 기도가 아닙니다. 흔히 말하는 '카타르시스'(catharsis)처럼 우리의 마음 속 정화를 위한 것이 아닙니다. 중요한 것은 우리가 기도하면 하나님이 들으신다는 것, 그리고 하나님께서는 우리의 기도에 반드시 응답해 주신다는 것을 믿어야 합니다.

마태복음 7:11

너희가 악한 자라도 좋은 것으로 자식에게 줄 줄 알거든 하물며 하늘에 계신 너희 아버지께서 구하는 자에게 좋은 것으로 주시지 않겠느냐

마태복음 18:19-20

19. 진실로 다시 너희에게 이르노니 너희 중의 두 사람이 땅에서 합심하여 무엇이든지 구하면 하늘에 계신 내 아버지께서 그들을 위하여 이루게 하시리라 20. 두세 사람이 내 이름으로 모인 곳에는 나도 그들 중에 있느니라

마가복음 11:23-24

23. 내가 진실로 너희에게 이르노니 누구든지 이 산더러 들리어 바다에 던져지라 하며 그 말하는 것이 이루어질 줄 믿고 마음에 의심하지 아니하면 그대로 되리라 24. 그러므로 내가 너희에게 말하노니 무엇이든지 기도하고 구하는 것은 받은 줄로 믿으라 그리하면 너희에게 그대로 되리라.

누가복음 18:7

하물며 하나님께서 그 밤낮 부르짖는 택하신 자들의 원한을 풀어 주지 아니하시겠느냐 그들에게 오래 참으시겠느냐

성령의 도움을 구하며 합니다

성도 안에 거하시는 성령께서 우리의 연약함을 도우시며 간구하시기 때문에 우리는 성령의 도움을 구하며 기도해야 합니다. 그러나 때때로 성도들은 자신의 욕심과 욕망을 충족시키기 위해 정욕으로 기도합니다. 하나님께서는 우리의 기도를 들으시고 응답해 주시지만, 바른 신앙의 길에서 벗어난 정욕의 기도는 들어주시지 않습니다.

잠언 3:5-6
5. 너는 마음을 다하여 여호와를 의뢰하고 네 명철을 의지하지 말라 6. 너는 범사에 그를 인정하라 그리하면 네 길을 지도하시리라

로마서 8:26 우리를 위하여 (①   )하시는 성령
이와 같이 성령도 우리의 연약함을 도우시나니 우리는 마땅히 기도할 바를 알지 못하나 오직 성령이 말할 수 없는 탄식으로 우리를 위하여 친히 간구하시느니라

빌립보서 4:6-7 염려를 이기는 (②   )
6. 아무 것도 염려하지 말고 다만 모든 일에 기도와 간구로, 너희 구할 것을 감사함으로 하나님께 아뢰라 7. 그리하면 모든 지각에 뛰어난 하나님의 평강이 그리스도 예수 안에서 너희 마음과 생각을 지키시리라

요한일서 5:14-15
14. 그를 향하여 우리가 가진 바 담대함이 이것이니 그의 뜻대로 무엇을 구하면 들으심이라 15. 우리가 무엇이든지 구하는 바를 들으시는 줄을 안즉 우리가 그에게 구한 그것을 얻은 줄을 또한 아느니라

감사하는 마음으로 합니다

시편 50:23
감사로 제사를 드리는 자가 나를 영화롭게 하나니 그의 행위를 옳게 하는 자에게 내가 하나님의 구원을 보이리라

빌립보서 4:6
아무 것도 염려하지 말고 오직 모든 일에 기도와 간구로 너희 구할 것을 감사함으로 하나님께 아뢰라

■ 정답 : ① 간구 ② 기도

예수님의 이름에 의지해 합니다

기도는 반드시 '예수님의 이름으로' 끝맺어야 합니다. 왜냐하면 예수님께서 십자가의 구속의 사역을 통하여 우리의 모든 죄와 허물을 사하여 주셨고 하나님과 교제의 길을 열어주셨기 때문입니다.

그리고 또 하나의 이유는 예수님의 이름으로 기도할 때에 큰 유익과 축복이 있기 때문입니다. 요한복음 14장 12-14절에서 예수님은 예수님을 믿는 믿음으로 기도할 때에 예수님이 행하셨던 기적을 이룰 것이라고 말씀하셨습니다. 이는 영적인 세계이기 때문에 논리적으로 설명할 수는 없으나 예수님의 이름으로 기도할 때 이러한 기적은 분명히 일어납니다.

요한복음 14:12-14
12. 내가 진실로 진실로 너희에게 이르노니 나를 믿는 자는 내가 하는 일을 그도 할 것이요 또한 그보다 큰 일도 하리니 이는 내가 아버지께로 감이라 13. 너희가 내 이름으로 무엇을 구하든지 내가 행하리니 이는 아버지로 하여금 아들로 말미암아 영광을 받으시게 하려 함이라 14. 내 이름으로 무엇이든지 내게 구하면 내가 행하리라

빌립보서 2:9-11
9. 이러므로 하나님이 그를 지극히 높여 모든 이름 위에 뛰어난 이름을 주사 10. 하늘에 있는 자들과 땅에 있는 자들과 땅 아래에 있는 자들로 모든 무릎을 예수의 이름에 꿇게 하시고 11. 모든 입으로 예수 그리스도를 주라 시인하여 하나님 아버지께 영광을 돌리게 하셨느니라

Tip

기도를 끝마치면서 '아멘'이라고 하는데 그 뜻은 무엇인가요?

기도 끝에 하는 '아멘'은 헬라어(그리스어)인데, 그 뜻은 '진실로'라는 뜻을 가지고 있습니다. 그래서 아멘이라는 말은 기도 끝뿐 아니라 누군가가 대표기도를 할 때나 목회자가 설교할 때 성도들은 '아멘'이라고 말하는 것입니다. 따라서 기도의 끝에 '아멘'이라고 말하는 것은 기도한 그대로 이루어질 줄 믿는다는 표현인 것입니다

Q&A

기도는 어떻게 해야 할까요? 맞는 것을 모두 고르십시오.

① 진실한 마음으로 거짓 없이 합니다
② 잘 갖춘 형식이 가장 중요하므로 화려한 미사여구를 넣어야 합니다
③ 성령의 도움을 구하며 기도해야 합니다.
④ 감사하는 마음으로 합니다

정답 ①③④

초신자가 참고할 수 있는 기도의 순서

아버지와 자녀가 대화를 할 때 어떤 순서를 정해 놓고 대화하지 않는 것처럼 기도에 특별한 순서가 있는 것은 아닙니다. 그러나 기도를 어려워하는 초신자에게는 일정한 순서를 따르는 기도가 도움이 될 수 있습니다. 아래에 기록된 일반적인 기도의 순서들을 기억하면서 기도할 때에 모범적인 기도를 드릴 수 있습니다.

① 감사의 기도
② 회개의 기도
③ 성령의 도우심을 구하는 기도
④ 간구의 기도
⑤ 찬양과 마치는 기도

기도할 때 주의해야 할 점

나의 욕심을 위해 기도하지 않습니다

야고보서 4:2-3 (①   )으로 쓰려고 구하는 기도
2. 너희는 욕심을 내어도 얻지 못하여 살인하며 시기하여도 능히 취하지 못하므로 다투고 싸우는도다 너희가 얻지 못함은 구하지 아니하기 때문이요 3. 구하여도 받지 못함은 정욕으로 쓰려고 잘못 구하기 때문이라

의심하며 기도하지 않습니다

야고보서 1:6-8 (②   ) 마음을 품고 드리는 기도
6. 오직 믿음으로 구하고 조금도 의심하지 말라 의심하는 자는 마치 바람에 밀려 요동하는 바다 물결 같으니 7. 이런 사람은 무엇이든지 주께 얻기를 생각하지 말라 8. 두 마음을 품어 모든 일에 정함이 없는 자로다

■ 정답 : ① 정욕 ② 두

'미움과 정죄'의 마음으로 기도하지 않습니다

시편 50:23
감사로 제사를 드리는 자가 나를 영화롭게 하나니 그의 행위를 옳게 하는 자에게 내가 하나님의 구원을 보이리라

마가복음 11:25
서서 기도할 때에 아무에게나 혐의가 있거든 용서하라 그리하여야 하늘에 계신 너희 아버지께서도 너희 허물을 사하여 주시리라 하시니라

다음은 초신자를 위한 기도의 순서를 적은 것입니다. (   )안에 알맞은 말을 넣으십시오.

1. (①   )의 기도   2. 회개의 기도
3. (②   )의 도우심을 구하는 기도   4. (③   )의 기도
5. 찬양과 마치는 기도

정답 ① 감사 ② 성령 ③ 간구

나눔

1. 신앙생활을 하면서 경험했던 기도응답 사례를 함께 나누어 보십시오. 무엇을 기도했는지, 어떤 상황이었는지, 그로 인한 결과는 어떠했는지 구체적으로 함께 이야기해 주십시오.

2. 당신은 하루에 얼마나 기도하고 있습니까? 무엇을 위해 어떤 내용으로 얼마나 긴 시간을 할애하십니까? 자신의 기도생활을 점검해 보십시오.

Chapter 06

성도의 교제

생각하기

성도의 교제란 무엇일까요?
_____
_____
_____

나는 다른 성도들과 교제를 어떻게 하고 있나요?
_____
_____
_____

    일상 속에서 '시너지 효과'(synergy effect)라는 말을 종종 듣습니다. 우리말로 한다면 '동반 상승 효과'인데, 즉 1+1이 2가 아닌 2를 넘어서 그 이상의 결과를 낼 수 있다는 것입니다. 신앙생활에 있어서도 이 시너지 효과는 중요합니다. 혼자보다 두세 사람이 함께 신앙생활을 해 나갈 때 훨씬 큰 효과와 유익을 얻을 수 있습니다. 그래서 교회 생활을 하는데 있어서 성도의 교제는 매우 중요한 것입니다.

성도의 교제란 무엇인가요?

'성도의 교제'(koinonia)란 '예수님의 가르침을 믿고 따르는 사람들의 교제'를 의미합니다. 이러한 성도의 교제가 지속되면 성도들의 신앙은 성장하고, 삶 속에서 하나님의 영광이 드러나게 됩니다. 성도의 교제의 모범적인 모습은 사도행전 2:42절 이하에 자세히 기록되어 있습니다.

사도행전 2:42-47
42. 그들이 사도의 가르침을 받아 서로 교제하고 떡을 떼며 오로지 기도하기를 힘쓰니라 43. 사람마다 두려워하는데 사도들로 말미암아 기사와 표적이 많이 나타나니 44. 믿는 사람이 다 함께 있어 모든 물건을 서로 통용하고 45. 또 재산과 소유를 팔아 각 사람의 필요를 따라 나눠 주며 46. 날마다 마음을 같이하여 성전에 모이기를 힘쓰고 집에서 떡을 떼며 기쁨과 순전한 마음으로 음식을 먹고 47. 하나님을 찬미하며 또 온 백성에게 칭송을 받으니 주께서 구원 받는 사람을 날마다 더하게 하시니라

초대교회의 사도를 통한 가르침입니다

초대교회 당시의 모범적인 성도의 교제에는 예수님의 열 두 제자, 즉 '사도들의 가르침'이 있었습니다. 아직 성경이 기록되기 전이기 때문에 기독교인들이 하나님의 말씀과 예수님의 교훈을 배울 수 있는 유일한 길은 사도들의 가르침뿐이었습니다. 이 가르침에 의하면 모범적인 성도의 교제는 함께 모여 성경공부하고, 함께 예배드리는 것이라고 말합니다. 만일 성도의 교제가 이러한 하나님의 뜻을 벗어난다면 세상의 모임과 다를 것이 없습니다.

> **Tip** '사도'란 무엇이고, '제자'라는 말과는 어떻게 다른가요?
>
>
>
> '제자'란 스승의 가르침을 받고 그 가르침 가운데 살려고 노력하는 사람을 말합니다. 한편, '사도'란 문자적으로 해석하면 '보냄을 받은 자'라는 뜻을 가지고 있습니다.
>
> 예수님으로부터 직접 교육을 받고 가르침을 받았던 열두 제자는 예수님이 부활 승천하신 이후 '사도'로 소개됩니다. 즉, 예수님 승천 이후 제자들이 예수님의 가르침을 사람들에게 전해야 할 책임을 가지고 '세상으로 보냄을 받은 자', 즉 '사도'가 된 것입니다. 그런데 예수님을 배신한 가룟 유다는 자기 스스로 목숨을 끊었기 때문에 열한 사도는 가룟 유다의 자리를 대신할 사도를 한 사람 뽑았는데, 그 사람이 '맛디아'입니다.(행 1:26) 그래서 열두 사도가 됩니다. 한편 '사도 바울'이 있는데, 그는 부활하신 예수님을 직접 만나 가르침을 받았기에 '사도'가 된 것입니다. 그리고 사도행전 14장 14절에 의하면 '바나바'도 사도로 소개되고 있습니다.
>
> 이런 점으로 미루어 볼 때 '사도'는 지금의 '선교사, 목사'와 같이 복음 전파를 위해 파송된 사람들을 일컫는 직분이라 생각해 볼 수 있습니다.

서로 돌보아 줍니다

성도의 교제는 사랑의 관계 속에서 상호 돌봄이 이루어져야 합니다. 모범적인 초대교회 성도의 교제에는 성도들이 슬픔과 아픔, 고통을 공감하면서 서로의 필요를 채워주고 서로 도와주었습니다. 그리고 초대교회의 성도들은 물건을 공유하고 더 나아가 재산과 소유를 팔아 필요한 이들에게 도움을 주기도 했습니다. 이러한 모습은 참다운 성도의 교제의 토대가 돈이나 물질보다 성도 간의 우애와 사랑에 있음을 보여주는 것입니다.

서로를 위해 기도합니다

성도의 교제에 있어서 중요한 것은 서로를 위한 '중보기도'입니다. 즉, 중보기도는 어려운 일을 겪으며 힘겨워하는 성도들을 위해서 드리는 기도입니다. 이러한 중보기도를 통해 서로 신뢰감이 깊어지고 그 신뢰의 토대 위에서 삶과 신앙을 나누면서 친밀한 성도의 교제가 가능해집니다. 뿐만 아니라 중보기도를 통하여 하나님의 은혜가 성도의 교제 가운데 임하는 것을 체험하게 됩니다.

함께 음식을 나눕니다

성도의 교제에 있어서 식탁을 함께 나누는 것도 중요합니다. 초대교회에서는 신앙적인 교육뿐 아니라 집에 함께 모여 떡을 떼며 음식을 나누는 일도 병행하였습니다. 이러한 식탁 교제를 통하여 성도들은 서로의 삶과 사랑을 나누게 되었습니다. 풍성한 산해진미(山海珍味)로 인한 즐거움이 아니라 사랑하고 신뢰하는 이들과 함께 하는 기쁨이었습니다. 이러한 올바른 성도의 교제가 초대교회 부흥의 한 원인이라 할 수 있습니다.(행 2:47)

 다음 중 '성도의 교제'로 적당하지 않은 것을 고르십시오.

① 하나님의 가르침과 일치하는 초대교회의 사도의 가르침을 따릅니다
② 믿음 안에서 함께 음식을 나눕니다
③ 자신의 일처럼 서로를 위해 기도합니다
④ 성격이 잘 맞고 마음이 잘 통하는 사람을 골라 자신의 몸처럼 돌보아 줍니다

정답: ④

같이 모여서 교제해야 하는 이유는 무엇일까요?

우리는 영적인 가족입니다

우리는 예수 그리스도를 구주로 고백한 하나님의 자녀들입니다. 하늘나라의 시민이며 하나님의 권속(가족)입니다. 그리고 교회는 이러한 하나님의 자녀들이 모인 공동체, 즉 영적인 가족입니다. 하나님의 가족들은 함께 연결되어 있습니다. 이처럼 성도들이 그리스도 안에 있는 운명공동체로서 서로 연결되어져 있는 모습이 바로 '성도의 교제'입니다.

요한복음 1:12-13   하나님의 (①   )
12. 영접하는 자 곧 그 이름을 믿는 자들에게는 하나님의 자녀가 되는 권세를 주셨으니 13. 이는 혈통으로나 육정으로나 사람의 뜻으로 나지 아니하고 오직 하나님께로부터 난 자들이니라

로마서 12:5   그리스도 안에서 한 (②   )
이와 같이 우리 많은 사람이 그리스도 안에서 한 몸이 되어 서로 지체가 되었느니라

에베소서 2:19-22   하나님의 (③   )
19. 그러므로 이제부터 너희는 외인도 아니요 나그네도 아니요 오직 성도들과 동일한 시민이요 하나님의 권속이라 20. 너희는 사도들과 선지자들의 터 위에 세우심을 입은 자라 그리스도 예수께서 친히 모퉁잇돌이 되셨느니라 21. 그의 안에서 건물마다 서로 연결하여 주 안에서 성전이 되어 가고 22. 너희도 성령 안에서 하나님이 거하실 처소가 되기 위하여 그리스도 예수 안에서 함께 지어져 가느니라

요한일서 1:3   아버지와 예수 그리스도와 더불어 (④   )
우리가 보고 들은 바를 너희에게도 전함은 너희로 우리와 사귐이 있게 하려 함이니 우리의 사귐은 아버지와 그의 아들 예수 그리스도와 더불어 누림이라

■ 정답 : ① 자녀 ② 몸 ③ 권속 ④ 누림

영적인 성장을 도모하기 위해서입니다

사도바울은 신앙생활에서 성도의 교제가 가지는 중요한 이유를 '성장'(성숙)이라고 말합니다. 에베소서 4:15-16절에서 바울은 머리이신 '그리스도'에게까지 자라가야 한다고 말합니다. 그리고 16절에서는 이러한 성장을 위해 각 지체들이 연결되어야 한다고 강조합니다. 즉 성장의 목표는 '예수 그리스도'이고, 성장을 위한 방법은 지체들이 서로 연결되어 있는 것, 즉 '성도의 교제'임을 분명히 하고 있습니다. 그러한 결과로 몸이 자라고 사랑 안에서 견고히 서게 된다고 말합니다.

> 에베소서 4:15-16
> 15. 오직 사랑 안에서 참된 것을 하여 범사에 그에게까지 자랄지라 그는 머리니 곧 그리스도라 16. 그에게서 온 몸이 각 마디를 통하여 도움을 받음으로 연결되고 결합되어 각 지체의 분량대로 역사하여 그 몸을 자라게 하며 사랑 안에서 스스로 세우느니라

예수님의 동행을 느끼기 위해서입니다

예수님께서는 부활승천하시면서 제자들에게 약속을 주셨습니다.(마 28:20) 그것은 '함께 하심'입니다. 이러한 예수님의 임재를 경험할 수 있는 통로 중의 하나가 '성도의 교제'입니다. 두세 사람의 성도들이 예수님의 이름으로 모일 때에 바로 그 곳에서 예수님의 함께 하심을 경험하게 됩니다.

> 마태복음 18:20　'함께 하심의 (① 　　　　)'
> 두세 사람이 내 이름으로 모인 곳에는 나도 그들 중에 있느니라

> 마태복음 28:20　'함께 하심의 (② 　　　　)'
> 내가 너희에게 분부한 모든 것을 가르쳐 지키게 하라 볼지어다 내가 세상 끝날까지 너희와 항상 함께 있으리라 하시니라

■ 정답 : ① 경험　② 약속

날마다 구원받는 사람을 더하기 위해서입니다

제자들을 위한 예수님의 기도가 요한복음 17장에 기록되어 있습니다. 예수님께서는 하나님과 예수님이 하나였던 것처럼 제자들도 하나가 되기를 기도하셨습니다. 제자들이 하나가 되어 예수님을 믿게 하려고 하셨습니다. 예수님의 제자들은 하나가 되고, 그 하나된 성도의 교제 안에서 서로 사랑을 실천해 나갈 때에 불신자도 구원하는 역사가 일어납니다.

요한복음 13:34-35 '서로 (①   )'
34. 새 계명을 너희에게 주노니 서로 사랑하라 내가 너희를 사랑한 것 같이 너희도 서로 사랑하라 35. 너희가 서로 사랑하면 이로써 모든 사람이 너희가 내 제자인 줄 알리라

요한복음 17:21 '(②   )'
아버지여, 아버지께서 내 안에, 내가 아버지 안에 있는 것 같이 그들도 다 하나가 되어 우리 안에 있게 하사 세상으로 아버지께서 나를 보내신 것을 믿게 하옵소서

사도행전 2:47 '(③   )의 역사'
하나님을 찬미하며 또 온 백성에게 칭송을 받으니 주께서 구원 받는 사람을 날마다 더하게 하시니라

 믿는 자들이 같이 모여서 교제하는 이유는 무엇입니까? 맞는 것을 모두 고르십시오.

① 하나님 안에서 영적인 한 가족이기 때문입니다
② 공동체 안에서 영적인 성장을 도모하기 위해서입니다
③ 예수님의 동행을 느끼기 위해서입니다
④ 날마다 구원받는 사람을 더하기 위해서입니다

정답: ①②③④

■ 정답 : ① 사랑 ② 하나됨 ③ 구원

성도의 교제는 어떻게 해야 할까요?

공감하는 관계가 됩니다

성도의 교제는 단순히 한 사람 한 사람이 모여 있는 집합체가 아닙니다. 성도의 교제는 예수 그리스도를 머리로 하는 몸과 지체들과의 관계입니다. 하나님께서는 우리가 하나 되기를 원하십니다. 우리가 하나가 된다는 것은 공감(共感)의 관계로, 내 옆에 있는 성도 한 사람이 어려움에 있으면 내 문제처럼 생각하며 돕는 관계를 의미합니다.

그러나 대다수의 경우 그저 안타까운 동정에 머물 뿐 실제적인 도움을 주지 않을 때가 많습니다. 그 이유는 서로 간에 한 몸이라는 의식이 없기 때문이고, 또 하나님께서 우리와 한 몸의 관계를 이루기를 진정으로 원하신다는 것을 알지 못하기 때문입니다.

로마서 12:15   (①   )의 삶
즐거워하는 자들과 함께 즐거워하고 우는 자들과 함께 울라

고린도전서 12:12-13   한 성령으로 (②   )를 받은 한 몸 공동체
12. 몸은 하나인데 많은 지체가 있고 몸의 지체가 많으나 한 몸임과 같이 그리스도도 그러하니라 13. 우리가 유대인이나 헬라인이나 종이나 자유인이나 다 한 성령으로 세례를 받아 한 몸이 되었고 또 다 한 성령을 마시게 하셨느니라

고린도전서 12:25-27
25. 몸 가운데서 분쟁이 없고 오직 여러 지체가 서로 같이 돌보게 하셨느니라 26. 만일 한 지체가 고통을 받으면 모든 지체가 함께 고통을 받고 한 지체가 영광을 얻으면 모든 지체가 함께 즐거워하느니라 27. 너희는 그리스도의 몸이요 지체의 각 부분이라

■ 정답 : ① 공감 ② 세례

서로 간의 소통이 중요합니다

성도의 교제는 서로 다른 사람들이 모여 신앙 안에서 소통하는 것을 의미합니다. 사도 바울은 '그러므로 그리스도께서 우리를 받아 하나님께 영광을 돌리심과 같이 너희도 서로 받으라 '고 말합니다.(롬 15:7) 바울은 우리가 서로의 다름을 인정하고 서로를 귀한 존재로 섬기는 것뿐만 아니라, 서로의 약점을 감싸주고 사랑하라고 강력하게 권면합니다. 이처럼 성도의 교제에서는 서로를 인정하는 용납의 마음과 죄를 덮는 뜨거운 사랑, 그리고 화평을 이루려는 의지적인 노력이 드러나야 합니다.

로마서 14:17-19 　(① 　　　　) 받는 삶
17. 하나님의 나라는 먹는 것과 마시는 것이 아니요 오직 성령 안에 있는 의와 평강과 희락이라 18. 이로써 그리스도를 섬기는 자는 하나님을 기쁘시게 하며 사람에게도 칭찬을 받느니라 19. 그러므로 우리가 화평의 일과 서로 덕을 세우는 일을 힘쓰나니

로마서 15:7 　(② 　　　)의 마음
그러므로 그리스도께서 우리를 받아 하나님께 영광을 돌리심과 같이 너희도 서로 받으라

베드로전서 4:8 　(③ 　　　)의 마음
무엇보다도 뜨겁게 서로 사랑할지니 사랑은 허다한 죄를 덮느니라

서로 책임지는 마음을 지녀야 합니다

초대교회에서는 박해의 상황 속에서 믿는 사람들이 '다함께' 있었습니다. 힘들고 어려운 순간에도 함께 하고, 서로의 필요를 위해서 자신의 것을 희생할 수 있는 실질적인 희생과 섬김이 있었습니다. 즉 성도의 교제는 서로를 책임지는 마음과 행동이 있어야 합니다.

■ 정답 : ① 칭찬　② 용납　③ 사랑

뿐만 아니라 세상의 강력한 죄의 유혹 앞에서 넘어지지 않도록 서로를 지켜 주어야 하며, 거룩한 믿음의 사역들이 멈추지 않도록 격려하고 동역해야 합니다. 이러한 상호 책임의 모습이 성도의 교제 속에 존재해야 합니다.

사도행전 2:44-45 함께 하며 (①   )를 채움
44. 믿는 사람이 다 함께 있어 모든 물건을 서로 통용하고 45. 또 재산과 소유를 팔아 각 사람의 필요를 따라 나눠 주며

히브리서 3:13 (②   )으로부터 보호
오직 오늘이라 일컫는 동안에 매일 피차 권면하여 너희 중에 누구든지 죄의 유혹으로 완고하게 되지 않도록 하라

히브리서 10:24-25 선한 (③   )을 격려
24. 서로 돌아보아 사랑과 선행을 격려하며 25. 모이기를 폐하는 어떤 사람들의 습관과 같이 하지 말고 오직 권하여 그 날이 가까움을 볼수록 더욱 그리하자

교제의 폭을 넓힙니다

교회는 그리스도의 몸입니다. 그리스도의 몸을 세우는 것은 지체인 성도들의 사명입니다. 그렇기 때문에 성도의 교제의 폭은 교회 공동체의 전체와 관련되어 있습니다. 교회에서 신앙생활을 하면서 목회자와 성도들, 그리고 성도와 성도 사이의 교제를 하게 됩니다.

목회자와 성도 사이의 교제

목회자는 성도에게 있어서 누구일까요? 성경 속에서는 목회자를 복음으로 성도들을 낳은 아버지, 양무리를 먹이는 목자, 영적 전쟁에서 승리할 수 있도록 기

■ 정답 : ① 필요 ② 유혹 ③ 사역

도하는 중보기도자, 복음을 위해서 사명을 감당하는 동역자로 소개하고 있습니다. 이러한 목회자와 성도와의 관계 속에서 믿음과 사랑을 바탕으로 실제적인 사역에 동참해야 합니다.

출애굽기 17:8-12　(① 　　　　　　　　　)
8. 그 때에 아말렉이 와서 이스라엘과 르비딤에서 싸우니라 9. 모세가 여호수아에게 이르되 우리를 위하여 사람들을 택하여 나가서 아말렉과 싸우라 내일 내가 하나님의 지팡이를 손에 잡고 산 꼭대기에 서리라 10. 여호수아가 모세의 말대로 행하여 아말렉과 싸우고 모세와 아론과 훌은 산 꼭대기에 올라가서 11. 모세가 손을 들면 이스라엘이 이기고 손을 내리면 아말렉이 이기더니 12. 모세의 팔이 피곤하매 그들이 돌을 가져다가 모세의 아래에 놓아 그가 그 위에 앉게 하고 아론과 훌이 한 사람은 이쪽에서, 한 사람은 저쪽에서 모세의 손을 붙들어 올렸더니 그 손이 해가 지도록 내려오지 아니한지라

요한복음 21:17　(② 　　　　　　)
세 번째 이르시되 요한의 아들 시몬아 네가 나를 사랑하느냐 하시니 주께서 세 번째 네가 나를 사랑하느냐 하시므로 베드로가 근심하여 이르되 주님 모든 것을 아시오매 내가 주님을 사랑하는 줄을 주님께서 아시나이다 예수께서 이르시되 내 양을 먹이라

로마서 16:3-4　(③ 　　　　　　　)
3. 너희는 그리스도 예수 안에서 나의 동역자들인 브리스가와 아굴라에게 문안하라 4. 그들은 내 목숨을 위하여 자기들의 목까지도 내놓았나니 나뿐 아니라 이방인의 모든 교회도 그들에게 감사하느니라

고린도전서 4:15　(④ 　　　　　　)
그리스도 안에서 일만 스승이 있으되 아버지는 많지 아니하니 그리스도 예수 안에서 내가 복음으로써 너희를 낳았음이라

■ 정답 : ① 중보기도자　② 목자　③ 동역자　④ 부모

성도와 성도 사이의 교제

성도들이란 어떤 사람들일까요? 성경에서는 성도들을 '부르심을 받은 자', '믿음을 지킨 자', '거룩한 삶을 사는 자', '하나님께 인정 받는 자' 등 다양하게 소개하고 있습니다. 그렇기 때문에 이러한 성도들이 모이는 교제의 자리는 거룩해야 하며 하나님의 관점에서 흠이 없는 모임이어야 합니다. 성도의 교제는 속회와 선교회, 그리고 다양한 모임들을 통해 이루어집니다. 이러한 모임들에 적극적으로 참여하면서 성도의 교제를 가져야 합니다.

고린도전서 1:2　(①　　　　)을 받은 자
고린도에 있는 하나님의 교회 곧 그리스도 예수 안에서 거룩하여지고 성도라 부르심을 받은 자들과 또 각처에서 우리의 주 곧 그들과 우리의 주 되신 예수 그리스도의 이름을 부르는 모든 자들에게

에베소서 5:3　(②　　　　)한 삶을 사는 자
음행과 온갖 더러운 것과 탐욕은 너희 중에서 그 이름조차도 부르지 말라 이는 성도에게 마땅한 바니라

요한계시록 14:12　(③　　　　)을 지킨 자
성도들의 인내가 여기 있나니 그들은 하나님의 계명과 예수에 대한 믿음을 지키는 자니라

요한계시록 19:8　하나님께 (④　　　　)받는 자
그에게 빛나고 깨끗한 세마포 옷을 입도록 허락하셨으니 이 세마포 옷은 성도들의 옳은 행실이로다 하더라

■ 정답 : ① 부르심 ② 거룩 ③ 믿음 ④ 인정

교제를 방해하는 요소를 기억합니다

성도의 교제를 방해하는 요건들에 대해서 민감하게 반응해야 합니다. 이는 교만한 마음과 분열과 다툼하는 마음, 거룩하지 않은 자를 사귀는 것을 멈추고 깨끗한 마음으로 주를 부르는 자들의 교제가 되도록 해야 합니다.

고린도전서 5:11 (① 　　　　)하지 못한 사람들

이제 내가 너희에게 쓴 것은 만일 어떤 형제라 일컫는 자가 음행하거나 탐욕을 부리거나 우상 숭배를 하거나 모욕하거나 술 취하거나 속여 빼앗거든 사귀지도 말고 그런 자와는 함께 먹지도 말라 함이라

고린도전서 12:21-25 (② 　　　　)한 마음

21. 눈이 손더러 내가 너를 쓸 데가 없다 하거나 또한 머리가 발더러 내가 너를 쓸 데가 없다 하지 못하리라 22. 그뿐 아니라 더 약하게 보이는 몸의 지체가 도리어 요긴하고 23. 우리가 몸의 덜 귀히 여기는 그것들을 더욱 귀한 것들로 입혀 주며 우리의 아름답지 못한 지체는 더욱 아름다운 것을 얻느니라 그런즉 24. 우리의 아름다운 지체는 그럴 필요가 없느니라 오직 하나님이 몸을 고르게 하여 부족한 지체에게 귀중함을 더하사 25. 몸 가운데서 분쟁이 없고 오직 여러 지체가 서로 같이 돌보게 하셨느니라

디모데후서 2:22-23 피해야 할 (③ 　　　　)의 근원들

22. 또한 너는 청년의 정욕을 피하고 주를 깨끗한 마음으로 부르는 자들과 함께 의와 믿음과 사랑과 화평을 따르라 23. 어리석고 무식한 변론을 버리라 이에서 다툼이 나는 줄 앎이라

 성도의 교제는 어떻게 해야 합니까? 맞는 것을 모두 고르십시오.

① 서로의 상황과 감정에 대해 공감하는 관계가 됩니다
② 상대방의 개성을 인정하고 마음을 이해하며 소통해야 합니다
③ 자신의 이익과 직접 관련될 때에는 서로 반드시 책임지도록 해야 합니다
④ 속회와 선교회 등을 통해 교제의 폭을 넓힙니다

정답 ①②④

■ 정답 : ① 거룩 ② 교만 ③ 다툼

성도의 교제를 하면 어떤 점이 좋을까요?

성도의 교제는 단순한 만남이 아닙니다. 이는 두세 사람이 내 이름으로 모이는 곳에 예수님께서 함께 하시겠다는 약속의 말씀(마 18:20)이 이루어지는 자리입니다.

마태복음 18:20
두세 사람이 내 이름으로 모인 곳에는 나도 그들 중에 있느니라

영적 성숙이 이루어집니다

개인적으로 혼자 성경 공부할 때에는 말씀을 잘못 해석할 수 있지만 성도의 교제 가운데 성경을 공부하게 될 때는 실수하거나 잘못 해석하는 것을 미연에 방지할 수 있습니다. 그리고 때때로 세상의 유혹에 넘어지더라도 성도와 함께 신앙생활을 하면 일어설 수 있는 힘을 얻게 됩니다. 동역자들이 서로를 격려함으로써 서로를 세상의 유혹으로부터 지켜주기 때문입니다. 신앙은 어느 한 순간에 이루어지는 것이 아닙니다. 이러한 과정을 통해 자라고, 매일의 삶 속에서 바르게 살려고 애쓸 때 성장하는 것입니다. 이것은 마치 아이가 자신이 성장하는 것을 인식하지 못하지만 어느새 성장해 있는 것을 발견하게 되는 것과 같습니다.

실제적인 도움을 주고 받습니다.

성도의 교제는 추상적이거나 형식적인 것이 아닙니다. 성도의 교제는 실제적

인 것입니다. 예수님의 가르침이나 사도들의 증언에서도 알 수 있듯이 성도의 교제는 서로 나누고 사랑을 베푸는 행위입니다. 야고보의 주장처럼 실제적인 도움을 주지 않은 채 입술로만 축복해 주는 것은 아무런 의미가 없는 것입니다. 성도의 교제는 어려운 상황에 놓인 형제나 자매에게 실제적이고 현실적인 도움을 주어야 하는 것입니다. 때로 이런 점을 악용하려는 사람들도 있는데 그것은 옳지 못한 행동이요 큰 죄가 됩니다.

빌레몬서 1:4-7
4. 내가 항상 내 하나님께 감사하고 기도할 때에 너를 말함은 5. 주 예수와 및 모든 성도에 대한 네 사랑과 믿음이 있음을 들음이니 6. 이로써 네 믿음의 교제가 우리 가운데 있는 선을 알게 하고 그리스도께 이르도록 역사하느니라 7. 형제여 성도들의 마음이 너로 말미암아 평안함을 얻었으니 내가 너의 사랑으로 많은 기쁨과 위로를 받았노라

야고보서 2:15-16
15. 만일 형제나 자매가 헐벗고 일용할 양식이 없는데 16. 너희 중에 누구든지 그에게 이르되 평안히 가라, 덥게 하라, 배부르게 하라 하며 그 몸에 쓸 것을 주지 아니하면 무슨 유익이 있으리요

어려움에 대항하는 힘이 생깁니다

인생을 살다보면 뜻하지 않은 어려움을 겪는 경우가 있습니다. 남의 이야기로만 듣던 일들이 갑자기 자신에게 닥치면 누구나 당황하게 됩니다. 무엇을 어떻게 해야 할지 몰라서 실수하거나 어떤 경우에는 극단적인 방법을 따르는 사람들도 있습니다. 이럴 때 누군가 기도하는 사람이 옆에 있다면 그 사람으로 인해 포기하지 않고 다시 도전하게 됩니다. 이런 모습이 바로 올바른 성도의 교제입니다.

즉, 아무리 신앙이 좋은 성도라도 혼자 있을 때엔 매우 약한 존재일 수밖에 없

어 작은 문제에도 넘어지게 됩니다. 그러나 세 겹 줄은 쉽게 끊어지지 않는 것처럼(전 4:12) 성도의 교제 가운데 함께 있으면 큰 어려움도 극복할 수 있을 뿐만 아니라 그 과정 속에서 교훈도 얻게 되어, 어떤 어려움이 와도 그것을 헤쳐 나갈 지혜와 자신감과 용기를 얻게 됩니다. 이런 과정을 통해 더욱 풍성한 인생을 살게 되는 것입니다.

> 전도서 4:9-10, 12
> 9. 두 사람이 한 사람보다 나음은 그들이 수고함으로 좋은 상을 얻을 것임이라 10. 혹시 그들이 넘어지면 하나가 그 동무를 붙들어 일으키려니와 홀로 있어 넘어지고 붙들어 일으킬 자가 없는 자에게는 화가 있으리라
> 12. 한 사람이면 패하겠거니와 두 사람이면 맞설 수 있나니 세 겹 줄은 쉽게 끊어지지 아니하느니라

중보기도의 능력을 체험하게 됩니다

성도의 교제에서 서로를 향한 중보기도는 결코 빼놓을 수 없습니다. 바쁜 삶 속에 시간을 내어 타인을 위해 기도하는 중보기도야말로 서로를 사랑하는 증거이므로 하나님이 매우 기뻐하시는 일입니다. 여기에는 하나님의 명령을 지키는 모습과 서로를 귀하게 여기는 모습이 있기 때문입니다.

또한 기도는 하나님의 뜻을 이루는 도구이기에 하나님은 우리의 기도에 반드시 응답하십니다. 성도의 교제 안에서 기도할 때 하나님은 더욱 풍성한 것으로 채워주시므로 혼자 기도할 때보다 더 놀라운 은혜를 체험하게 되는 것입니다.

> 마태복음 18:19
> 진실로 다시 너희에게 이르노니 너희 중의 두 사람이 땅에서 합심하여 무엇이든지 구하면 하늘에 계신 내 아버지께서 그들을 위하여 이루게 하시리라

한 가족으로 기쁨을 누리게 됩니다

우리는 하나님을 "아버지"라고 부릅니다. 그 말은 우리가 '하나님의 자녀'라는 것입니다. 가정에는 아버지가 있고, 어머니가 있으며, 형제들도 있습니다. 불행한 가정은 서로를 신뢰하지 못하고 가족 사이에 늘 분쟁이 끊이지 않지만, 행복한 가정은 사랑이 있고 신뢰가 있으며 서로를 위해주는 따뜻함이 있습니다. 우리는 성도의 따뜻한 교제를 통해 하나님 가족의 일원으로서 기쁨과 행복을 누리게 됩니다. 이런 사랑과 배려를 통해 천국의 기쁨을 체험하게 되는 것입니다.

요한일서 1:3
우리가 보고 들은 바를 너희에게도 전함은 너희로 우리와 사귐이 있게 하려 함이니 우리의 사귐은 아버지와 그의 아들 예수 그리스도와 더불어 누림이라

나눔

1. 당신은 성도의 교제를 친밀하게 나누고 있는 사람들이 있습니까?

① 있다면, 언제, 어떻게 교제를 나누고 있는지 이야기해 주십시오.

_____
_____
_____

② 없다면, 어떻게 그런 사람을 만들 수 있는지 방법을 생각해 보십시오.

_____
_____
_____

2. 성도의 교제를 통해서 깨닫게 된 구체적인 유익이 있습니까? 누구와의 교제였는지 그 유익함은 무엇이었는지 구체적으로 이야기해 주십시오.

_____
_____
_____
_____

Chapter 07

전도

생각하기

전도란 무엇이며 어떻게 하는 것일까요?

_____
_____
_____

나는 어떻게 전도되었고, 또한 전도하고 있나요?

_____
_____
_____

　　전도는 하나님의 소원입니다. 예수님께서도 승천하시면서 제자들을 향하여 전도를 명하셨습니다. 그렇기 때문에 전도는 기독교인의 사명이 됩니다. 비록 삶 속에서 전도하는 것이 쉽지 않은 일이라 하더라도 이는 반드시 해야 하는 사명입니다.

전도란 무엇일까요?

우리가 죄인이고 구원이 필요함을 알리는 것입니다

사람들은 영원한 삶이 있다는 것과 죽음 이후에 하나님 앞에서 심판을 받는다는 것을 부정하며 이 세상의 삶뿐만 있는 것처럼 착각하며 살아갑니다.

히브리서 9:27
한번 죽는 것은 사람에게 정해진 것이요 그 후에는 심판이 있으리니

분명한 것은 모든 사람은 '구원을 필요로 하는 존재'라는 사실입니다. 사람들은 '죄를 범하여 거룩하신 하나님의 영광에 이를 수 없는 존재'(롬 3:23)이며 '의인은 없나니 하나도 없다'(롬 3:10)는 말씀처럼 죄의 문제에서 자유한 사람은 없습니다. 더 나아가 '죄의 삯은 사망'(롬 6:23)이라는 말씀처럼 살아있는 것 같지만 실상은 사망으로 향하여 달려가고 있습니다.

로마서 3:10
기록된 바 의인은 없나니 하나도 없으며

로마서 3:23
모든 사람이 죄를 범하였으매 하나님의 영광에 이르지 못하더니

로마서 6:23
죄의 삯은 사망이요

예수 그리스도를 믿으면 구원받을 수 있다고 알리는 것입니다

하나님은 자신의 손으로 지으신 인간들을 사랑하시어서 예수님을 통해서 죄의 문제를 해결하셨습니다. 인간의 죄를 대속하기 위해 하나님께서 친히 인간의 몸을 입으시고 성령으로 잉태되어 처녀의 몸을 빌어 탄생하셨습니다. 그리고 십자가의 고난과 죽음을 통하여 우리의 죄의 문제들을 해결해 주셨습니다. 이것이 십자가의 복음입니다.

'전도(傳道)'의 문자적인 의미는 '도(道)를 전하는 것'입니다. 그렇다면 전해야 하는 '도'가 무엇일까요? 그것은 바로 우리의 길과 진리, 생명이 되시는 '예수 그리스도'입니다. 전도란 바로 멸망의 길로 치닫고 있는 이들을 향하여 이 진리를 전하고 믿게 하는 것입니다. 전도는 생명을 살리는 귀한 일인 것입니다.

요한복음 3:16-17
16. 하나님이 세상을 이처럼 사랑하사 독생자를 주셨으니 이는 그를 믿는 자마다 멸망하지 않고 영생을 얻게 하려 하심이라 17. 하나님이 그 아들을 세상에 보내신 것은 세상을 심판하려 하심이 아니요 그로 말미암아 세상이 구원을 받게 하려 하심이라

요한복음 14:6
예수께서 이르시되 내가 곧 길이요 진리요 생명이니 나로 말미암지 않고는 아버지께로 올 자가 없느니라

요한복음 20:31
오직 이것을 기록함은 너희로 예수께서 하나님의 아들 그리스도이심을 믿게 하려 함이요 또 너희로 믿고 그 이름을 힘입어 생명을 얻게 하려 함이니라

나는 이미 구원받았는데, 왜 전도하나요?

삶의 진리를 전하기 위해서입니다

　세상에서 생명을 살리는 일만큼 가치있는 일은 없을 것입니다. 사람들은 더 많은 재물과 지식, 명예와 권력을 얻기 위해서 열심히 살아갑니다. 그러나 건강을 잃어버린 후에는 모든 것이 의미가 없고 결국 남는 것은 후회뿐이라고 고백합니다.

　그러나 예수님을 믿고 신앙생활을 하게 되면 후회하는 인생을 살지 않게 됩니다. 성도들은 예수님을 믿음으로 영접하기 때문에 영원한 생명을 얻습니다. 결국 가치있는 인생이란 사람들이 부러워하는 큰 성공이 아니라 예수님을 믿고 예수님을 따라 살아가는 삶인 것입니다. 이러한 삶의 진리를 전하는 것이 바로 전도입니다.

　　마가복음 1:38　'거기서도 (① 　　　)하리니'
　　이르시되 우리가 다른 가까운 마을들로 가자 거기서도 전도하리니 내가 이를 위하
　　여 왔노라 하시고

　　사도행전 5:42　'(② 　　　)하기를 그치지 아니하니라'
　　그들이 날마다 성전에 있든지 집에 있든지 예수는 그리스도라고 가르치기와 전도하
　　기를 그치지 아니하니라

　　디모데후서 4:2　'때를 얻든지 못 얻든지 (③ 　　　) 힘쓰라'
　　너는 말씀을 전파하라 때를 얻든지 못 얻든지 항상 힘쓰라

■ 정답 : ① 전도　② 전도　③ 항상

모든 사람이 구원받는 것은 하나님의 소원이기 때문입니다

사람들에게는 저마다의 소원이 있습니다. 그리고 그 소원을 이루기 위해 많은 노력들을 기울입니다. 신앙인들도 마찬가지입니다. 자신의 소원을 위해 금식하며 기도합니다. 하나님이 그 기도에 응답해 주시고 나면 또 다른 소원을 이루기 위해 또 기도합니다. 그러나 정작 하나님의 소원에는 무관심합니다. 하나님이 원하시는 소원은 과연 무엇일까요?

하나님께서는 하나님의 자녀들을 결코 잊지 않으실 것이라고 말씀하십니다.(사 49:15) 그래서 바울은 하나님의 소원을 '모든 사람이 구원을 받고 진리를 아는 것'(딤전 2:4)이라고 증언합니다. 이러한 하나님의 소원을 이루어 드리는 방편이 바로 '전도'입니다.

이사야 49:15
여인이 어찌 그 젖 먹는 자식을 잊겠으며 자기 태에서 난 아들을 긍휼히 여기지 않겠느냐 그들은 혹시 잊을지라도 나는 너를 잊지 아니할 것이라

디모데전서 2:4
하나님은 모든 사람이 구원을 받으며 진리를 아는 데에 이르기를 원하시느니라

세상의 많은 종교들은 이러한 구원을 위해서 사람들의 희생을 요구합니다. 그러나 살아계신 하나님께서는 우리를 구원하시기 위해 친히 십자가의 고난과 죽음의 길을 걸어가셨습니다. 그리고 영생의 길을 열어주셨습니다. 이러한 하나님의 은혜를 아직 알지 못하는 이들에게 구원의 복음을 전해야 하는 것입니다.

> **Tip** 하나님은 악한 사람도 구원받기를 원하시나요?
>
>
>
> 그렇습니다. 하나님은 악한 사람이라도 멸망의 길로 떨어지는 것이 아니라 돌이켜 구원받는 사람이 되기를 원하십니다. 에스겔서 33:11에 분명히 기록하기를 "나는 악인이 죽는 것을 기뻐하지 아니하고 악인이 그의 길에서 돌이켜 떠나 사는 것을 기뻐하노라"고 증거하고 있습니다.
> 이 말은 어떤 악한 사람이라도 회개하고 믿음 가운데 바른 삶을 살아가면 구원받을 수 있다는 말씀입니다. 하나님은 한 영혼이라도 멸망당하기를 원하지 않으십니다.

주님이 부탁하신 일이기 때문입니다

예수님께서 제자들을 직접 부르셨습니다

예수님께서는 하나님의 나라를 전하는 사역을 이루기 위해 제자들을 부르셨습니다. 그리고 자기와 함께 있게 하시면서 제자 훈련을 하셨고, 이제 전도하게 하기 위해 세상으로 보내셨습니다.(막 3:14) 뿐만 아니라 제자들을 둘씩 짝을 지어 전도 실습을 시키셨습니다.(눅 10:1) 전도는 예수님께서 직접 하신 일입니다.

마가복음 3:14
이에 열둘을 세우셨으니 이는 자기와 함께 있게 하시고 또 보내사 전도도 하며

누가복음 10:1
그 후에 주께서 따로 칠십 인을 세우사 친히 가시려는 각 동네와 각 지역으로 둘씩 앞서 보내시며

전도는 제자들에게 주신 예수님의 지상명령입니다

예수님께서 십자가에서 당하신 고난과 모욕, 수치는 바로 영혼을 살리기 위함이었던 것처럼 제자들도 영혼을 구원하기 위하여 고난을 이기며 복음을 전하기를 원하셨습니다. 그래서 예수님은 사망 권세를 이기시고 부활하신 후 40일 동안 세상에 머물면서 제자들에게 천국의 복음과 비밀을 가르치셨고(행 1:3), 승천하시기 바로 전에 마지막으로 제자들에게 복음을 전하라고 말씀하셨던 것입니다.(마 28:18-20)

마태복음 28:18-20
18. 예수께서 나아와 말씀하여 이르시되 하늘과 땅의 모든 권세를 내게 주셨으니 19. 그러므로 너희는 가서 모든 민족을 제자로 삼아 아버지와 아들과 성령의 이름으로 세례를 베풀고 20. 내가 너희에게 분부한 모든 것을 가르쳐 지키게 하라 볼지어다 내가 세상 끝날까지 너희와 항상 함께 있으리라 하시니라

마가복음 16:15
또 이르시되 너희는 온 천하에 다니며 만민에게 복음을 전파하라

사도행전 1:3
그가 고난 받으신 후에 또한 그들에게 확실한 많은 증거로 친히 살아 계심을 나타내사 사십 일 동안 그들에게 보이시며 하나님 나라의 일을 말씀하시니라

Tip 하나님은 전능하신 하나님이신데 그냥 모든 사람을 다 구원하시면 안 되나요? 꼭 예수님을 믿어야만 하나요?

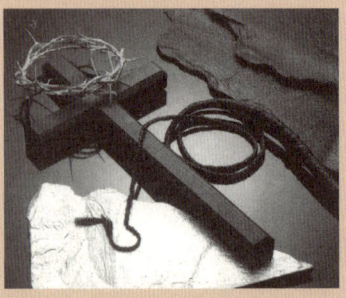

하나님은 공의로우신 분이시기에 하나님을 대적한 사탄과 악한 영의 세력을 심판하십니다. 죄를 지으면 심판을 받는다는 원칙 때문입니다.

이 원칙에 의하면 죄 많은 인간도 심판받을 수밖에 없습니다. 그러나 하나님은 인간을 사랑하셔서 예수님을 보내셨습니다. 우리 죄를 대신하여 십자가에서 죽으셨고, 그 사실을 믿는 사람에게는 죄 사함의 은혜를 주시고 구원을 얻게 하신 것입니다.

사람이 착하다고 구원을 받을 수 있는 것이 아닙니다. 죄의 문제를 해결해야 됩니다. 많은 사람들이 이 문제를 모르거나 무시하며 살고 있습니다. 이런 사람들에게 진실을 알려야 합니다. 그러므로 전도는 반드시 필요한 것입니다.

 우리는 이미 구원받았는데, 왜 전도해야 할까요? 맞는 것을 모두 고르십시오.

① 예수님께 배운 삶의 진리를 전하기 위해서입니다
② 모든 사람이 구원받는 것은 하나님의 소원이기 때문입니다
③ 주님이 부탁하신 일이기 때문입니다
④ 세상 속에서 내가 얼마나 영향력 있는 사람인지 확인해보기 위해서입니다.

정답: ①②③

전도하고 싶은데, 어떻게 하면 될까요?

전도할 수 있는 믿음과 용기를 달라고 기도합니다

낯선 사람에게 전도(傳道)하려면, 그 일이 무례한 행동처럼 여겨지기도 하고, '전도하던 중에 불신자들에게 망신을 당하면 어떻게 하나?' 하는 두려움도 있습니다. 예수님께서도 이러한 제자들의 상황을 아시고 '양을 이리 가운데로 보냄과 같다'(마 10:16)고 말씀하셨습니다. 그러나 분명히 기억해야 할 것은 예수님께서 '그들을 두려워 하지 말라'(마 10:28)는 말씀도 함께 주셨다는 사실입니다. 복음을 전하는 전도는 영적 전쟁입니다. 그렇기 때문에 무엇보다도 하나님의 도우심을 구하는 기도를 반드시 해야 합니다.

> 마태복음 10:16
> 보라 내가 너희를 보냄이 양을 이리 가운데로 보냄과 같도다 그러므로 너희는 뱀 같이 지혜롭고 비둘기 같이 순결하라

> 마태복음 10:28
> 몸은 죽여도 영혼은 능히 죽이지 못하는 자들을 두려워하지 말고 오직 몸과 영혼을 능히 지옥에 멸하실 수 있는 이를 두려워하라

기도를 하다보면 전도하고 싶은 마음이 생깁니다. 즉 하나님께서 전도자에게 영혼에 대한 긍휼의 마음을 부어주십니다. 그리고 영혼 구원에 대한 갈급한 마음을 주시고 마음의 소원을 갖고 전하게 하십니다. 그리고 전도자의 마음 속에 전도해야 할 사람을 품게 하십니다. 하나님께서 하나님이 예비하신 사람을 생각나게 하시는 것입니다.

마태복음 9:36

무리를 보시고 불쌍히 여기시니 이는 그들이 목자 없는 양과 같이 고생하며 기진함이라

사도행전 16:9-10

9. 밤에 환상이 바울에게 보이니 마게도냐 사람 하나가 서서 그에게 청하여 이르되 마게도냐로 건너와서 우리를 도우라 하거늘 10. 바울이 그 환상을 보았을 때 우리가 곧 마게도냐로 떠나기를 힘쓰니 이는 하나님이 저 사람들에게 복음을 전하라고 우리를 부르신 줄로 인정함이러라

전도대상자의 이름을 떠올리며 기도합니다

한 여인이 결혼하여 생명을 품게 되면 임신하는 순간부터 어머니가 됩니다. 그리고 바로 그 순간부터 어머니는 태중의 생명을 기억하며 돌보게 됩니다. 마찬가지로 전도자는 기도하는 중에 하나님이 주신 이름을 마음에 품고 늘 기억해야 합니다. 하나님께서 주신 이름을 잊어버리지 않도록 전도 수첩에 기록하거나 별도의 쪽지에 적어서 성경책이나 지갑 속에 넣어 놓고 늘 기도하며 전도해야 합니다.

전도대상자와 자연스럽게 만납니다

이제 전도를 위해 만남과 접촉을 시도해야 합니다. 중요한 것은 자연스러운 만남이어야 합니다. 전도대상자가 부담을 갖는 여러 행동들(집 앞에서 기다리기, 집을 방문하여 초인종을 누르는 행위)은 바람직한 행동이 아닙니다. 요즘은 개인의 사생활 침해에 대해 대단히 민감하기 때문에 오히려 부작용이 나타날 수도 있습니다.

하나님께서는 전도자가 마음에 품고 기도한 전도대상자를 길이나 마트(Market)에서 자연스럽게 만나도록 이끌어 주십니다. 이러한 순간에 절대 피하지 말고 침착하게 반가운 마음으로 가볍게 인사하며 만남과 접촉을 시도해야 합니다.

사도행전 8:25-40　(①　　　　　)의 전도

25. 두 사도가 주의 말씀을 증언하여 말한 후 예루살렘으로 돌아갈새 사마리아인의 여러 마을에서 복음을 전하니라 26. 주의 사자가 빌립에게 말하여 이르되 일어나서 남쪽으로 향하여 예루살렘에서 가사로 내려가는 길까지 가라 하니 그 길은 광야라 27. 일어나 가서 보니 에디오피아 사람 곧 에디오피아 여왕 간다게의 모든 국고를 맡은 관리인 내시가 예배하러 예루살렘에 왔다가 28. 돌아가는데 수레를 타고 선지자 이사야의 글을 읽더라 29. 성령이 빌립더러 이르시되 이 수레로 가까이 나아가라 하시거늘 30. 빌립이 달려가서 선지자 이사야의 글 읽는 것을 듣고 말하되 읽는 것을 깨닫느냐 31. 대답하되 지도해 주는 사람이 없으니 어찌 깨달을 수 있느냐 하고 빌립을 청하여 수레에 올라 같이 앉으라 하니라 32. 읽는 성경 구절은 이것이니 일렀으되 그가 도살자에게로 가는 양과 같이 끌려갔고 털 깎는 자 앞에 있는 어린 양이 조용함과 같이 그의 입을 열지 아니하였도다 33. 그가 굴욕을 당했을 때 공정한 재판도 받지 못하였으니 누가 그의 세대를 말하리요 그의 생명이 땅에서 빼앗김이로다 하였거늘 34. 그 내시가 빌립에게 말하되 청컨대 내가 묻노니 선지자가 이 말한 것이 누구를 가리킴이냐 자기를 가리킴이냐 타인을 가리킴이냐 35. 빌립이 입을 열어 이 글에서 시작하여 예수를 가르쳐 복음을 전하니 36. 길 가다가 물 있는 곳에 이르러 그 내시가 말하되 보라 물이 있으니 내가 세례를 받음에 무슨 거리낌이 있느냐 37. (없음) 38. 이에 명하여 수레를 멈추고 빌립과 내시가 둘 다 물에 내려가 빌립이 세례를 베풀고 39. 둘이 물에서 올라올새 주의 영이 빌립을 이끌어간지라 내시는 기쁘게 길을 가므로 그를 다시 보지 못하니라 40. 빌립은 아소도에 나타나 여러 성을 지나 다니며 복음을 전하고 가이사랴에 이르니라

■ 정답 : ① 빌립

전도대상자와 본격적으로 대화를 나눕니다

전도에 있어서 대화를 시도하는 이 순간이 가장 중요한 단계입니다. 사귐이 본격적으로 이루어지기 때문입니다. 이 순간에 대화를 어떻게 이끌어 나가야 할까요?

사도행전 13:48-49
48. 이방인들이 듣고 기뻐하여 하나님의 말씀을 찬송하며 영생을 주시기로 작정된 자는 다 믿더라 49. 주의 말씀이 그 지방에 두루 퍼지니라

사랑과 친절한 마음으로 대화합니다

사람은 영적인 존재라서 의도적이고 부자연스러운 것들을 금세 느낄 수 있습니다. 반대로 사랑과 친절한 마음으로 대하면 전도대상자도 쉽게 마음 문을 여는 것을 볼 수 있습니다.

언제 복음을 전할지 때를 잘 살핍니다

전도대상자와의 대화를 하다가 언제를 전도의 시점으로 삼을지 잘 살펴야 합니다. 처음에는 그저 세상적인 관심사로부터 시작할 수 있지만 계속적으로 세상적인 대화만 해서는 안 됩니다. 사람에 따라 복음을 전해야 할 시점이 다르므로 교회를 소개할 시점을 잘 찾아야 합니다. 따라서 전도대상자와 대화를 나눌 때에 성령의 인도를 위해 기도해야 합니다. 오랜시간이 지나도록 세상적인 대화만 하다가 복음을 전할 기회조차 갖지 못하게 되어서는 안 됩니다.

공감할 수 있는 자신의 경험을 나눕니다

신앙생활을 하면서 경험했던 간증들은 전도에 있어서 매우 유용한 도구가 됩니다. 자녀의 문제, 사업의 문제, 또는 질병의 문제들이 교회 생활을 통해 치유가 되고 문제가 해결이 되었다는 간증은 전도대상자들의 마음 문을 여는 데 있어서 매우 강력한 도구가 됩니다.(행 26:1-23, 바울의 간증) 그러나 전도하기 위해 거짓으로 간증을 꾸며대는 것은 금물입니다. 왜냐하면 하나님은 농담이라도 거짓말 하는 것을 원하지 않으시기 때문입니다.

이런 모든 노력에도 불구하고 전도 대상자가 거부하는 경우도 많이 있습니다. 이 때에는 낙심하지 말고 계속적으로 하나님께 기도하는 것이 중요합니다. 도끼질 한 번에 쓰러지는 나무는 없습니다. 포기하지 않고 계속 시도하면 어떤 나무도 결국 넘어지게 마련입니다. 전도 역시 때가 되어야 열매를 맺게 됩니다.

전도대상자를 교회로 초대합니다

교회로 초청하는 시기는 전도의 열매를 거두는 단계입니다. 일 년 동안 농사를 짓던 농부가 추수 때가 되었는데 추수를 하지 않는다면 그것보다 어리석은 일은 없을 것입니다. 마찬가지로 오랜 시간동안 마음에 품고 기도하면서 대화를 시도 했던 전도대상자를 반드시 교회로 초청해야 합니다.

교회는 분기별이나 1년에 한두 차례 이상 특별 프로그램을 준비하여 전도대상자를 교회로 초청할 수 있도록 장(場)을 마련해야 합니다. 음악회, 특별 강연회, 체육대회, 가족 찬양대회 등 여러 가지 상황에 맞는 프로그램을 기획하여 전도의 기회로 삼아야 합니다. 혹은 속회나 선교회 등 교회의 소그룹 모임에서 야유회 같은 프로그램을 만들어 초청하는 것도 좋은 방법입니다.

전도대상자를 교회 내에서도 지속적으로 돌봐야 합니다

전도대상자가 예배나 초청 프로그램에 참석했다고 해서 전도가 끝난 것은 아닙니다. 이는 아기를 낳아 놓고 돌보지 않는 것과 같으며 바다 속에서 구조된 이를 방치하는 것과 같은 것입니다. 그렇기 때문에 전도자들은 자신이 전도한 사람이 교회에서 잘 적응할 수 있도록 지속적으로 도움을 주어야 합니다.

전도의 단계에 따른 목표와 내용

바람직한 전도는 3단계로 진행됩니다. 첫 번째 단계는 바다에 빠져 있는 전도대상자에게 튜브를 전해주는 것입니다. 두 번째 단계는 튜브를 붙잡고 있는 전도대상자를 배 안으로 끌어 올리는 것입니다. 세 번째 단계는 구조한 전도대상자를 회복시켜서 함께 또 다른 전도대상자들을 구조하는 것입니다.

단계	목표	내용
1단계	'전함'	조난 당한 이에게 튜브를 던져주는 단계
2단계	'인도'	튜브를 끼고 견디고 있는 이를 배로 끌어올리는 단계
3단계	'돌봄'	배로 끌어 올린 이를 빨리 회복할 수 있도록 응급조치, 회복시켜 다른 사람을 건져낼 수 있는 사람으로까지 세우는 것

 다음은 전도의 순서를 나타낸 것입니다. 순서에 맞게 나열해 보십시오.
(, , , , ,)

① 전도할 수 있는 믿음과 용기를 달라고 기도합니다
② 전도대상자와 자연스럽게 만납니다
③ 전도대상자의 이름을 떠올리며 기도합니다
④ 전도대상자를 교회로 초대합니다
⑤ 전도대상자와 본격적으로 대화를 나눕니다
⑥ 전도대상자를 교회 내에서도 지속적으로 돌봐야 합니다

정답 ③-①-②-⑤-④-⑥

전도를 하면 어떤 일이 일어날까요?

우리에게 은혜와 축복을 주십니다

전도는 어렵습니다. 전도를 하기 때문에 사람들로부터 원치 않는 모욕을 당하기도 무시를 당하기도 합니다. 그러나 하나님께서는 복음을 전하기 위한 우리의 수고와 헌신을 알고 계시고 우리에게 은혜와 축복을 주십니다. 왜냐하면 하나님께서는 먼저 하나님의 나라와 하나님의 의를 위해 살아가는 우리들에게 모든 것을 넘치도록 채워주시는 분이시기 때문입니다.(마 6:33)

다니엘 12:3
지혜 있는 자는 궁창의 빛과 같이 빛날 것이요 많은 사람을 옳은 데로 돌아오게 한 자는 별과 같이 영원토록 빛나리라

마태복음 6:33
그런즉 너희는 먼저 그의 나라와 그의 의를 구하라 그리하면 이 모든 것을 너희에게 더하시리라

하나님이 기뻐하십니다

누가복음 15:7
내가 너희에게 이르노니 이와 같이 죄인 한 사람이 회개하면 하늘에서는 회개할 것 없는 의인 아흔아홉으로 말미암아 기뻐하는 것보다 더하리라

성령님이 함께 하십니다

마태복음 10:18-20
18. 또 너희가 나로 말미암아 총독들과 임금들 앞에 끌려 가리니 이는 그들과 이방인들에게 증거가 되게 하려 하심이라 19. 너희를 넘겨 줄 때에 어떻게 또는 무엇을 말할까 염려하지 말라 그 때에 너희에게 할 말을 주시리니 20. 말하는 이는 너희가 아니라 너희 속에서 말씀하시는 이 곧 너희 아버지의 성령이시니라

마태복음 28:20
내가 너희에게 분부한 모든 것을 가르쳐 지키게 하라 볼지어다 내가 세상 끝날까지 너희와 항상 함께 있으리라 하시니라

 전도를 하면 어떤 일이 일어나는지 모두 고르십시오.

① 우리에게 은혜와 축복을 주십니다

② 하나님이 기뻐하십니다

③ 성령님이 함께 하십니다

④ 세상 사람들에게 인정받고 칭찬받는 유명인이 됩니다

정답 ①②③

나눔

1. 당신은 지금까지 전도한 사람이 있습니까?

① 있다면, 누구인지, 언제, 어떻게 전도하게 되었는지 이야기해 주십시오.

_____

_____

_____

② 계획이 있다면, 전도하고자 하는 이가 누구인지, 언제, 어떻게 전도할 예정인지 이야기해 주십시오.

_____

_____

_____

2. 전도를 할 때 가장 어려웠던 점은 무엇인지, 어떻게 극복했는지 나누어 보시기 바랍니다.

_____

_____

Chapter 08

헌금

생각하기

헌금이란 무엇이며 왜 해야할까요?
_____
_____
_____

나의 헌금 생활에 대해 하나님의 마음은 어떠실까요?
_____
_____
_____

  신앙생활에 있어서 헌금은 중요한 것입니다. 왜냐하면 헌금은 하나님의 사명을 감당하는 수단이 되고, 또 성도들이 풍성한 축복을 누리게 되는 통로가 되기 때문입니다. 그러나 이러한 헌금에 대한 영적인 의미들을 바로 알지 못하면 강요로 여기거나, 하나님의 은혜를 돈으로 매매한다거나 하는 등의 잘못된 오해를 하게 됩니다.

헌금이란 무엇일까요?

하나님을 향한 사랑을 증명하는 것입니다

'헌금'(獻金)이란 '금전'(金錢), 즉 '돈'을 하나님께 드리는 행위를 의미합니다. 몸으로 봉사한다는 '헌신'(獻身)과 같은 한자 '헌(獻)'을 사용합니다. 그런데 헌신이나 헌금에 있어서 중요한 것은 일하는 정도, 금액보다는 '마음 속의 동기'입니다.

하나님은 돈이 없어서 성도들에게 돈을 요구하는 것이 아닙니다. 교회에 필요한 재정을 하나님의 방법으로 채워주실 수 있는 분이시기 때문입니다. 그럼에도 성도들이 헌금을 해야 하는 것은 그 행위를 통해 재물보다 하나님을 더 사랑한다는 것을 증명할 수 있기 때문입니다.

> 마가복음 12:17
> 이에 예수께서 이르시되 가이사의 것은 가이사에게 하나님의 것은 하나님께 바치라 하시니 그들이 예수께 대하여 매우 놀랍게 여기더라.

> "신약성경 안에 믿음에 대한 구절은 215개이며, 구원에 관한 것은 218개인데, 금전과 재정의 청지기직과 책임에 대해 다루고 있는 것은 2084나 된다는 것이다. 예수님의 38개의 비유가운데 16개가 금전을 다루고 있다. '왜'라는 질문이 마음에 생긴다. 예수님은 돈을 밝히는 분이셨는가? 그분은 사역을 밀어줄 돈을 모으러 오셨는가? 물론 아니다. 예수님은 사람들에게서 돈이 아니라 마음을 찾으신 것이다. 마태복음 6:21절에서 그분은 "네 보물이 있는 곳에는 네 마음도 있느니라"고 말씀하셨다. 예수님은 많은 사람들이 단순히 돈을 보물로 생각하고 있는 것을 아셨다.
> 우리는 이것이 오늘날에도 동일하다고 믿는다. 예수님은 당신의 돈을 찾지 않으시고 당신의 마음을 찾으신다. 우리가 돈을 어떻게 대하느냐하는 것은 곧바로 우리 마음의 내적 상태를 말해 준다."
> – 크래그 힐·얼 피츠 공저, 『그리스도인의 재정원칙』, 고양: 예수전도단, 2010, 17.

또 헌금은 하나님께서 지금까지 가정, 자녀, 그리고 기업을 지켜주심에 대한 감사의 표현으로 하나님께 드리는 것입니다. 그러므로 부담스러워하면서 꺼려지는 마음으로 헌금하는 것은 좋지 않습니다. 또 액수의 크고 작고도 중요하지 않습니다. 자기 수준에 맞게 감사함으로 드리는 것이 좋습니다. 또 하나님께 드리는 것이기에 정성을 다해 드리는 것이 헌금의 바른 자세입니다.

역대상 29:12,14
12. 부와 귀가 주께로 말미암고 또 주는 만물의 주재가 되사 손에 권세와 능력이 있사오니 모든 사람을 크게 하심과 강하게 하심이 주의 손에 있나이다.
14. 나와 내 백성이 무엇이기에 이처럼 즐거운 마음으로 드릴 힘이 있었나이까 모든 것이 주께로 말미암았사오니 우리가 주의 손에서 받은 것으로 주께 드렸을 뿐이니이다.

다양한 종류의 헌금이 있습니다

구약 시대에는 절기뿐만 아니라 다양한 상황에서 하나님 앞에서 제사를 드렸습니다. 그 때 드려지는 제사는 대표적으로 번제, 화목제, 소제, 속건제, 속죄제 등이 있습니다. 그리고 그 제사의 종류에 따라 하나님께 드려지는 제물 역시 달랐습니다. 그런데 공통적인 것은 어떤 제사이든 거기에 합당한 제물이 있었다는 것입니다. 상황에 따라 송아지, 어린 양, 염소, 비둘기, 곡물 등을 제물로 사용했습니다. 이를 근거로 오늘날 하나님 앞에 드리는 헌금도 다양한 종류가 있습니다.

주일헌금

주일헌금은 가장 기본이 되는 헌금이며, 주일 예배 중에 드리는 헌금입니다. 흔히 불신자들은 주일헌금이 설교의 대가로 내는 것으로 오해하고 있지만 예배는 결코 매매될 수 있는 것이 아닙니다. 구약시대에도 하나님께 제사를 드리는 이들은 언제나 합당한 예물을 준비하여 하나님께 드렸습니다. 오늘도 예배를 드리는 이들은 하나님의 은혜에 대한 감사의 표현으로 예물을 봉헌해야 합니다.

시편 96:8
여호와의 이름에 합당한 영광을 그에게 돌릴찌어다 예물을 가지고 그 궁정에 들어
갈지어다

십일조헌금

십일조헌금은 매달 수입의 10분의 1을 드리는 헌금입니다. 가정의 수입 규모가 크면 클수록 십일조 액수가 커지게 되므로 믿음이 연약한 성도들은 큰 부담을 갖습니다. 그러나 하나님의 사랑에 대한 증거, 우리의 청지기 됨의 고백, 모든 축복이 하나님으로부터 온다는 것의 고백을 담아 십일조를 드리는 것입니다.

레위기 27:30
그리고 그 땅의 십분의 일 곧 그 땅의 곡식이나 나무의 열매는 그 십분의 일은 여호와의 것이니 여호와의 성물이라

말라기 3:8-10
8. 사람이 어찌 하나님의 것을 도둑질하겠느냐 그러나 너희는 나의 것을 도둑질하고도 말하기를 우리가 어떻게 주의 것을 도둑질하였나이까 하는도다 이는 곧 십일조와 봉헌물이라 9. 너희 곧 온 나라가 나의 것을 도둑질하였으므로 너희가 저주를 받았느니라 10. 만군의 여호와가 이르노라 너희의 온전한 십일조를 창고에 들여 나의 집에 양식이 있게 하고 그것으로 나를 시험하여 내가 하늘 문을 열고 너희에게 복을 쌓을 곳이 없도록 붓지 아니하나 보라

감사헌금

모든 헌금의 기본 정신은 감사입니다. 특별히 감사헌금은 일상의 삶(가정생활, 사회생활)에서 감사한 일이 생겼을 때 하나님의 도우심을 고백하며 감사의 마음으로 드리는 헌금입니다. 감사헌금의 종류는 생일감사헌금, 승진감사헌금, 취업감사헌금, 치유감사헌금 등 다양한 종류가 있습니다.

데살로니가전서 5:18
범사에 감사하라 이것이 그리스도 예수 안에서 너희를 향하신 하나님의 뜻이니라

절기헌금

'절기'란 하나님께서 우리에게 행하신 놀라운 일들을 기념하는 특별한 시기를 말합니다. 절기헌금은 이러한 때에 하나님께서 행하신 일을 기억하며 감사로 드리는 헌금입니다. 교회공동체가 전통적으로 중시하는 절기로는 예수님의 죽으심과 부활을 기념하는 '부활절', 하나님께서 한 해 동안 지켜주셔서 추수하게 되었음에 감사하는 '추수감사절', 그리고 예수님의 탄생을 기념하는 '성탄절' 등이 있습니다. 따라서 절기헌금으로는 부활절 헌금과 추수감사헌금, 그리고 성탄절헌금 등이 있습니다.

출애굽기 34:22
칠칠절 곧 맥추의 초실절을 지키고 세말에는 수장절을 지키라

잠언 3:9-10
9. 네 재물과 네 소산물의 처음 익은 열매로 여호와를 공경하라 10. 그리하면 네 창고가 가득히 차고 네 포도즙 틀에 새 포도즙이 넘치리라.

심방헌금

목회자와 성도들이 함께 1년에 한 번 이상 가정이나 직장을 방문하여 예배드리는데 이것을 가리켜 '심방'이라고 부릅니다. 심방예배는 가정과 기업을 위해 축복하는 예배이기 때문에 헌금을 드려야 합니다. 예를 들면 개업 심방예배 때에는 물질의 주인이 하나님이시라는 믿음의 고백과 사업장을 통하여 하나님의 영광을 드러내기를 소원하는 마음을 담아 헌금을 준비해야 합니다.

사도행전 10:33   심방의 (① 　　　　)
내가 곧 당신에게 사람을 보내었는데 오셨으니 잘하였나이다 이제 우리는 주께서 당신에게 명하신 모든 것을 듣고자 하여 다 하나님 앞에 있나이다

사도행전 15:35-36   심방의 (② 　　　　)
35. 바울과 바나바는 안디옥에서 유하며 수다한 다른 사람들과 함께 주의 말씀을 가르치며 전파하니라   36. 며칠 후에 바울이 바나바더러 말하되 우리가 주의 말씀을 전한 각 성으로 다시 가서 형제들이 어떠한가 방문하자 하고

구제헌금

우리 주변에는 여전히 고통과 어려움 속에 살고 있는 이웃들이 많이 있습니다. 그들에게 교회가 사랑과 섬김의 모습으로 다가가는 것은 지극히 당연한 일이며, 성도들의 마땅한 사명입니다. 이런 사역을 적극적으로 시행하며 보다 많은 이웃들을 섬기기 위해서 정성껏 드리는 헌금이 구제헌금입니다.

누가복음 10:27
대답하여 이르되 네 마음을 다하며 목숨을 다하며 힘을 다하며 뜻을 다하여 주 너의 하나님을 사랑하고 또한 네 이웃을 네 자신 같이 사랑하라 하였나이다

누가복음 12:33
너희 소유를 팔아 구제하여 낡아지지 아니하는 배낭을 만들라 곧 하늘에 둔 바 다함이 없는 보물이니 거기는 도둑도 가까이 하는 일이 없고 좀도 먹는 일이 없느니라

특별한 목적에 따른 헌금

건축헌금은 교육관, 사회문화관 등과 같이 목회의 필요에 따른 건축을 위해 드리는 헌금입니다. 이 외에도 사용의 목적에 따라서 장학금 후원을 위한 '장학 헌금', '해외 선교 헌금', '전도 헌금' 등 다양한 종류의 헌금이 있습니다.

■ 정답 : ① 태도 ② 목적

출애굽기 35:21

마음이 감동된 모든 자와 자원하는 모든 자가 와서 회막을 짓기 위하여 그 속에서 쓸 모든 것을 위하여, 거룩한 옷을 위하여 예물을 가져다가 여호와께 드렸으니

역대상 29:16

우리 하나님 여호와여 우리가 주의 거룩한 이름을 위하여 성전을 건축하려고 미리 저축한 이 모든 물건이 다 주의 손에서 왔사오니 다 주의 것이니이다

돈이 없는데도 헌금을 해야 할까요?

성도가 교회에서 헌금을 해야 하는 이유는 여러 가지가 있습니다. 몇 가지로 요약을 하면 다음과 같습니다.

돈이 아니라 하나님을 섬겨야 합니다

하나님께서는 하나님의 백성들이 하나님을 기억하며 살기를 원하십니다. 그래서 하나님께서는 헌금을 바치라고 말씀하셨습니다. 그렇기 때문에 헌금에는 삶의 주인이신 하나님을 인정하는 믿음의 고백이 담겨 있어야 합니다.

그러나 이는 쉬운 일은 아닙니다. 그것은 돈이 가진 영향력 때문입니다. 예수님께서는 산상수훈에서 재물을 사랑하는 것에 대한 위험성을 경고하셨습니다. 예수님께서는 '하나님과 재물을 겸하여 섬길 수 없다'(마 6:24)고 말씀하셨습니다. 이 말씀은 우리의 삶 속에서 하나님과 재물이 같은 선상에 놓일 수 있다는 것, 즉 하나님이 아니라 재물이 믿음의 대상이 될 수 있음을 경고하신 것입니다.

그렇기 때문에 우리는 아굴의 기도(잠 30:7-9)를 기억해야 합니다. 아굴의 기도는 생존을 위한 꼭 필요한 양식만을 먹더라도 결코 하나님을 잊지 않겠다는 간절한 소망이 담겨 있습니다. 하나님은 성도들이 모든 것의 주인이신 하나님, 오직 한 분 믿음의 대상이신 하나님을 인정하며 고백하기를 원하십니다. 이러한 영적인 의미를 담고 있는 것이 헌금입니다.

신명기 8:17-18   하나님을 (①   )하라
17. 그러나 네가 마음에 이르기를 내 능력과 내 손의 힘으로 내가 이 재물을 얻었다 말할 것이라 18. 네 하나님 여호와를 기억하라 그가 네게 재물 얻을 능력을 주셨음이라 이같이 하심은 네 조상들에게 맹세하신 언약을 오늘과 같이 이루려 하심이니라

잠언 30:7-9   아굴의 기도 - 하나님을 (②   )하는 삶
7. 내가 두 가지 일을 주께 구하였사오니 내가 죽기 전에 내게 거절하지 마시옵소서 8. 곧 헛된 것과 거짓말을 내게서 멀리 하옵시며 나를 가난하게도 마옵시고 부하게도 마옵시고 오직 필요한 양식으로 나를 먹이시옵소서 9. 혹 내가 배불러서 하나님을 모른다 여호와가 누구냐 할까 하오며 혹 내가 가난하여 도둑질하고 내 하나님의 이름을 욕되게 할까 두려워함이니이다

마태복음 6:24   하나님을 (③   )으로 인정하는 삶
한 사람이 두 주인을 섬기지 못할 것이니 혹 이를 미워하고 저를 사랑하거나 혹 이를 중히 여기고 저를 경히 여김이라 너희가 하나님과 재물을 겸하여 섬기지 못하느니라

하나님의 사명을 감당하기 위해서 헌금이 필요합니다

교회는 하나님께서 주신 사명을 이루기 위해 존재하는 곳입니다. 그래서 교회는 구원의 방주가 되어 영혼을 구원하는 사명을 감당해야 합니다. 이를 위해 선교사를 파송해야 하고, 복음의 사역을 감당하는 교회와 단체들을 지원해야 합니다.

■ 정답 : ① 기억 ② 갈망 ③ 주인

또한 교회는 세상의 등대로서 세상의 어두운 곳을 비춰 하나님의 사랑을 전해야 하는 사명을 감당해야 합니다. 가난과 질병, 또 사회적인 어려움 속에서 살아가는 사람들에게 하나님의 사랑을 전해서 회복되고 치유되도록 해야 합니다. 그런데 이러한 하나님 나라 확장을 위한 교회의 사명을 완수하기 위해서는 많은 비용이 소요됩니다. 이러한 비용은 성도들의 헌금을 통해서 충당됩니다.

마태복음 28:18-20   예수님의 명령
18. 예수께서 나아와 말씀하여 이르시되 하늘과 땅의 모든 권세를 내게 주셨으니 19. 그러므로 너희는 가서 모든 민족을 제자로 삼아 아버지와 아들과 성령의 이름으로 세례를 베풀고 20.내가 너희에게 분부한 모든 것을 가르쳐 지키게 하라

빌립보서 4:15-18   성도들의 헌신
15. 빌립보 사람들아 너희도 알거니와 복음의 시초에 내가 마게도냐를 떠날 때에 주고 받는 내 일에 참여한 교회가 너희 외에 아무도 없었느니라 16. 데살로니가에 있을 때에도 너희가 한 번뿐 아니라 두 번이나 나의 쓸 것을 보내었도다 17. 내가 선물을 구함이 아니요 오직 너희에게 유익하도록 풍성한 열매를 구함이라 18. 내게는 모든 것이 있고 또 풍부한지라 에바브로디도 편에 너희가 준 것을 받으므로 내가 풍족하니 이는 받으실 만한 향기로운 제물이요 하나님을 기쁘시게 한 것이라

교회 운영을 위해서 헌금이 필요합니다

모든 조직, 단체는 원활한 운영을 위해서 재정이 필요합니다. 교회도 마찬가지입니다. 교회에는 성도들을 위해 기도하고 말씀을 가르치는 목사와 전도사가 있습니다. 그리고 교회 관리, 차량운행, 행정사무업무를 담당하는 직원들이 있습니다. 이러한 목회자와 직원들은 교회의 갖가지 문제들을 해결하며 성도들이 은혜로운 신앙생활을 할 수 있도록 돕고 있습니다. 교회에서는 이러한 목회자와 직원들에 대하여 사례비를 지급해야 합니다.

이 외에도 교회학교, 청년부, 찬양대와 같은 부서들을 운영하기 위해서 비용이 필요하며, 교회의 운영을 위한 다양한 경비들(냉·난방비, 관리비, 전화비, 버스 임대료 등)도 지출해야 합니다. 이러한 다양한 소요비용은 성도들의 헌금으로 충당됩니다.

> 고린도전서 9:13-14
> 13. 성전의 일을 하는 이들은 성전에서 나는 것을 먹으며 제단에서 섬기는 이들은 제단과 함께 나누는 것을 너희가 알지 못하느냐 14. 이와 같이 주께서도 복음 전하는 자들이 복음으로 말미암아 살리라 명하셨느니라

어려운 이들을 구하기 위해서 헌금이 필요합니다

교회의 중요한 사역 중의 하나가 구제사역입니다. 구제사역이란 사회적 약자들이나 소외된 이들, 그리고 여러 가지 어려움 속에서 고통 받고 있는 이들의 현실적인 필요를 채워주는 것입니다. 우리 주변에는 상상할 수 없을 만큼 어려움 가운데 있는 사람들이 많이 있는데, 그들이 기독교인이 아니라는 이유로 외면하는 것은 잘못된 자세입니다. 오히려 그들에게 하나님의 사랑과 은혜를 나눔을 통해서 하나님을 소개하는 기회를 만들어야 합니다.

그런데 이러한 사역을 감당하기 위해서는 재원이 필요합니다. 영리법인이 아닌 교회로서는 이러한 사역을 위해서 주식투자나 별도의 사업을 할 수 없습니다. 성도들의 자발적인 헌금을 통해서 재원을 마련해야 합니다. 그렇기 때문에 성도들은 마음과 생각에만 머물지 말고 구제를 위한 실제적인 헌신을 해야 합니다. 이런 이유로 인해 성도는 헌금의 의무를 다해야 합니다.

마가복음 12:31

둘째는 이것이니 네 이웃을 네 자신과 같이 사랑하라 하신 것이라 이보다 더 큰 계명이 없느니라

고린도후서 9:8-9

8. 하나님이 능히 모든 은혜를 너희에게 넘치게 하시나니 이는 너희로 모든 일에 항상 모든 것이 넉넉하여 모든 착한 일을 넘치게 하게 하려 하심이라 9. 기록된 바 그가 흩어 가난한 자들에게 주었으니 그의 의가 영원토록 있느니라 함과 같으니라

요한일서 4:20-21

20. 누구든지 하나님을 사랑하노라 하고 그 형제를 미워하면 이는 거짓말하는 자니 보는 바 그 형제를 사랑하지 아니하는 자는 보지 못하는 바 하나님을 사랑할 수 없느니라 21. 우리가 이 계명을 주께 받았나니 하나님을 사랑하는 자는 또한 그 형제를 사랑할지니라

> **Tip** 모든 것을 가지신 하나님은 왜 헌금하라고 명령하셨나요?
>
>
>
> 하나님은 교회가 하나님의 명령을 준행하기 위해 물질이 필요하다는 사실을 잘 알고 계십니다. 전도와 선교, 구제 등 사역에는 재정이 필요합니다. 그러나 교회의 사역에 필요한 재정을 국가가 지원해 주지 않습니다. 또 교회에 다니지 않는 어떤 독지가에 의해서 재정이 채워지는 것도 아닙니다. 결국 그 교회의 사역에 필요한 재정은 그 교회 성도들이 채우게 한 것이고, 이를 위해 하나님은 억지로나 인색함으로 하지 말고 기쁨 가운데 헌금을 드리라고 명령하신 것입니다. 우리가 이 명령을 믿음으로 지킬 때 하나님은 놀라운 물질적 축복을 허락해 주시는 것입니다.

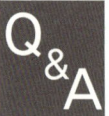 다음은 헌금과 관련된 내용입니다. 맞지 않는 것을 모두 고르십시오.

① 헌금 액수가 많으면 능력 있는 부자 교회라고 홍보하는 데 좋습니다
② 하나님을 향한 사랑을 증명하는 것입니다
③ 다양한 종류의 헌금이 있습니다
④ 우리 주변의 어려운 사람들을 위한 구제사역을 위해서도 쓰입니다

정답: ①

헌금은 어떤 마음으로 드려야 할까요?

모든 물질은 하나님의 것이라고 고백합니다

청지기는 주인의 것을 관리하는 사람입니다. 그렇기 때문에 청지기의 자세로 헌금을 해야 한다는 것은 바로 물질의 소유권이 하나님께 있다는 것을 고백하는 의미를 담고 있습니다.

역대상 29:11-12
11. 여호와여 위대하심과 권능과 영광과 승리와 위엄이 다 주께 속하였사오니 천지에 있는 것이 다 주의 것이로소이다 여호와여 주권도 주께 속하였사오니 주는 높으사 만물의 머리이심이니이다 12. 부와 귀가 주께로 말미암고 또 주는 만물의 주재가 되사 손에 권세와 능력이 있사오니 모든 사람을 크게 하심과 강하게 하심이 주의 손에 있나이다

바울 사도는 고린도교회를 향하여 헌금의 의미를 '자신을 주께 드리는' 행위라고 설명합니다. 즉 하나님을 향한 헌신이 '헌금'이라고 말합니다. 그리고 히브리서에서는 '돈을 사랑하지 않는다는 것'이 '하나님이 우리를 버리지 아니하고 떠나지 않을 것을 확신하는 행동'이라고 설명합니다. 예수님도 '보물'이 있는 곳에 '마음'이 있다고 하셨던 것처럼 하나님에게 감사와 사랑의 마음을 담아 전하는 것이 헌금임을 분명히 하고 있습니다. 이처럼 헌금은 세상이 아니라 하나님을 선택하는 믿음의 결단입니다.

헌금은 두 가지의 영적인 의미를 지닙니다. 첫째는 하나님이 살아 계시고 우리의 모든 것을 주관하시는 분이라는 점을 인정한다는 것입니다. 둘째는 내가 그 하나님을 정말 사랑하고 있다는 증거라는 점입니다.

마태복음 6:21   하나님의 향한 (①   )
네 보물 있는 그 곳에는 네 마음도 있느니라

고린도후서 8:4-5   하나님을 향한 (②   )
4. 이 은혜와 성도 섬기는 일에 참여함에 대하여 우리에게 간절히 구하니 5. 우리가 바라던 것뿐 아니라 그들이 먼저 자신을 주께 드리고 또 하나님의 뜻을 따라 우리에게 주었도다

히브리서 13:5   하나님에 대한 (③   )
돈을 사랑하지 말고 있는 바를 족한 줄로 알라 그가 친히 말씀하시기를 내가 결코 너희를 버리지 아니하고 너희를 떠나지 아니하리라 하셨느니라

기쁨과 감사함으로 드립니다

헌금은 인색함이나 억지로 하는 것이 아니라 감사함으로 드리는 것입니다. 하

▎정답 : ① 마음 ② 헌신 ③ 신뢰

나님께 드리는 헌금을 통하여 하나님의 나라가 확장되는 복음사역과 가난한 자들에게 하나님의 사랑을 전하는 구제 사역의 의미들을 생각하며 감사함으로, 그리고 기쁨으로 드려야 합니다.

역대상 29:17   다윗의 헌금의 자세
나의 하나님이여 주께서 마음을 감찰하시고 정직을 기뻐하시는 줄을 내가 아나이다 내가 정직한 마음으로 이 모든 것을 즐거이 드렸사오며 이제 내가 또 여기 있는 주의 백성이 주께 자원하여 드리는 것을 보오니 심히 기쁘도소이다

교회를 사랑하는 마음으로 드립니다

헌금은 교회를 사랑하는 마음으로 드려야 합니다. 왜냐하면 교회는 하나님의 교회이고, 하나님께서 자신의 피로 사신 교회이며, 영광스러운 교회이기 때문입니다.

사도행전 20:28   자기 피로 값주고 사신 교회
여러분은 자기를 위하여 또는 온 양 떼를 위하여 삼가라 성령이 그들 가운데 여러분을 감독자로 삼고 하나님이 자기 피로 사신 교회를 보살피게 하셨느니라

고린도전서 1:2   하나님의 교회
고린도에 있는 하나님의 교회 곧 그리스도 예수 안에서 거룩하여지고 성도라 부르심을 받은 자들과 또 각처에서 우리의 주 곧 그들과 우리의 주 되신 예수 그리스도의 이름을 부르는 모든 자들에게

에베소서 5:27   영광스런 교회
자기 앞에 영광스러운 교회로 세우사 티나 주름 잡힌 것이나 이런 것들이 없이 거룩하고 흠이 없게 하려 하심이라

힘을 다하여 드립니다

헌금을 드릴 때 '힘을 다하여' 드리는 이유는 첫째, 이 헌금이 하나님이 받으실 만한 향기로운 제물이며 하나님이 기뻐하시는 것이기 때문입니다.(빌 4:18) 둘째는 축복의 통로이기 때문입니다.

고린도후서 8:3
내가 증언하노니 그들이 힘대로 할 뿐 아니라 힘에 지나도록 자원하여

고린도후서 9:5-8
5. 그러므로 내가 이 형제들로 먼저 너희에게 가서 너희가 전에 약속한 연보를 미리 준비하게 하도록 권면하는 것이 필요한 줄 생각하였노니 이렇게 준비하여야 참 연보답고 억지가 아니니라 6. 이것이 곧 적게 심는 자는 적게 거두고 많이 심는 자는 많이 거둔다 하는 말이로다 7. 각각 그 마음에 정한 대로 할 것이요 인색함으로나 억지로 하지 말지니 하나님은 즐겨 내는 자를 사랑하시느니라 8. 하나님이 능히 모든 은혜를 너희에게 넘치게 하시나니 이는 너희로 모든 일에 항상 모든 것이 넉넉하여 모든 착한 일을 넘치게 하게 하려 하심이라

 헌금은 어떤 마음으로 드려야 할지 모두 고르십시오.
① 모든 물질은 하나님의 것이라고 고백하며 드립니다
② 기쁨과 감사함으로 드립니다
③ 교회를 사랑하는 마음으로 드립니다
④ 은혜받은 자임을 과시하기 위해 많은 액수의 헌금을 드립니다

정답. ①②③

헌금의 열매는 무엇일까요?

하나님께 헌금을 드리는 것은 쉬운 일은 아닙니다. 왜냐하면 사람들은 돈이 많으면 세상에서 더 행복하게 살 수 있을 것이라 생각하기 때문입니다. 그러나 우리가 욕심을 비우고 하나님의 나라와 영광을 기대히며 헌금할 때 하나님은 더 큰 은혜와 축복을 내려 주십니다.

마태복음 6:33
그런즉 너희는 먼저 그의 나라와 그의 의를 구하라 그리하면 이 모든 것을 너희에게 더하시리라

물질의 축복이 있습니다

헌금생활을 잘 할 때 하나님께서는 물질의 축복을 주십니다. 수고하고 노력하며 심은 수고의 씨앗들이 풍성한 결실로 돌아오게 합니다. 처음 익은 소산물을 하나님께 드리며 은혜와 사랑에 감사하면 그 수확의 기쁨이 그치지 않을 것이라고 분명히 약속하십니다.

잠언 3:9-10
9. 네 재물과 네 소산물의 처음 익은 열매로 여호와를 공경하라 10. 그리하면 네 창고가 가득히 차고 네 포도즙 틀에 새 포도즙이 넘치리라

말라기 3:11
만군의 여호와가 이르노라 내가 너희를 위하여 메뚜기를 금하여 너희 토지 소산을 먹어 없애지 못하게 하며 너희 밭의 포도나무 열매가 기한 전에 떨어지지 않게 하리니

하나님의 칭찬을 받게 됩니다

사람은 누구나 이 땅에서의 생을 마감해야 하는 순간이 옵니다. 그 마지막 순간에 우리가 어떻게 살았는지 분명한 평가가 기다리고 있습니다. 아무것도 안하고 땅에 재물을 쌓아두고 죽음을 맞이한 사람은 어리석은 사람으로 평가받겠지만 하나님께서 주신 재물을 가지고 마음껏 하나님 나라의 일을 행했던 사람은 하나님의 칭찬을 받게 될 것입니다.

잠언 19:17
가난한 자를 불쌍히 여기는 것은 여호와께 꾸어 드리는 것이니 그의 선행을 그에게 갚아 주시리라

누가복음 6:38
주라 그리하면 너희에게 줄 것이니 곧 후히 되어 누르고 흔들어 넘치도록 하여 너희에게 안겨 주리라 너희가 헤아리는 그 헤아림으로 너희도 헤아림을 도로 받을 것이니라

누가복음 12:33
너희 소유를 팔아 구제하여 낡아지지 아니하는 배낭을 만들라 곧 하늘에 둔 바 다함이 없는 보물이니 거기는 도둑도 가까이 하는 일이 없고 좀도 먹는 일이 없느니라

나눔

1. 헌금생활을 통해 경험한 축복이 있습니까? 이와 관련해 어떤 마음으로 헌금을 드렸는지, 그에 대한 어떤 구체적인 축복이 있었는지 자신이 느끼는 바를 이야기해 주십시오.

   _____
   _____
   _____
   _____
   _____

2. 살아가면서 물질은 꼭 필요한 것이기에 헌금생활을 하면서 망설일 때가 있습니다. 헌금을 할 때 결단을 방해하는 것은 무엇이 있나요?

   _____
   _____
   _____
   _____
   _____

Chapter 09

속 회

생각하기

속회란 무엇일까요?

나에게 있어서 속회는 무엇이며, 왜 그런가요?

교회마다 소그룹 모임의 활성화에 대한 연구와 노력이 많이 이루어지고 있습니다. 그 이유는 소그룹이 갖는 특성과 그 안에서 이루어지는 역동성(Dynamics)을 통하여 교회의 성장과 발전에 큰 유익이 있었기 때문입니다.

사실 이러한 소그룹 모임은 오래 전부터 전통적으로 내려온 조직입니다. 감리교회에서는 존 웨슬리 시대부터 '속회'(Class Meeting)라는 이름으로 존재해 왔고, 장로교회에서는 '구역'이라는 이름으로, 또 그 밖의 다른 교회나 교단에서는 '셀' '목장' '마을' '순모임' 등 다양한 명칭으로 존재하고 있습니다. 그렇다면 속회란 무엇일까요?

속회란 무엇일까요?

속회는 '교회 안의 작은 교회'를 뜻합니다

'속회'(Class Meeting)란 '교회 안의 작은 교회'(ecclesiola in ecclesia)로서 한 사람의 속장과 11명의 속회원으로 구성된 소그룹 모임입니다. 말 그대로 작은 교회로서의 역할을 하도록 만들어진 교회 안의 소그룹 모임이며, 속장을 중심으로 말씀을 나누며 신앙성장을 위한 격려와 친교, 심지어는 선교의 영역까지 활동 범위를 넓힐 수 있는 모임입니다.

속회는 '뉴 룸'(New Room)의 부채를 갚기 위해 만들어진 소그룹에서 영감을 받았습니다

처음에 속회가 조직된 것은 '뉴 룸'(New Room)이라는 감리교 모임 장소를 매입하는 데 들어간 비용과 관련이 있습니다. 웨슬리는 1742년 2월 15일, 브리스톨(Bristol)에서 뉴 룸을 매입할 때 들어간 부채를 갚기 위한 회의를 소집하였습니다. 그렇게 부채 해결의 방법을 찾던 중 '캡틴 포이'(Captain Foy)라고 알려진 사람이 한 가지 제안을 했고, 이것이 속회가 탄생하는 데 중요한 역할을 합니다.

캡틴 포이는 우리 회원 가운데 가장 가난한 사람 11명을 자신에게 맡겨 주면 매주 12페니를 거두어 부채를 갚을 재정을 충당하겠다고 제안하였고, 다른 사람들도 그렇게 하겠다고 동의하면서 속회가 시작된 것입니다.

NEW ROOM의 모습

속회는 교인들의 신앙성숙을 위한 것입니다

부채를 해결하기 위해서 시작된 모임 속에서 존 웨슬리는 영적인 기능들을 발견하게되고 1742년 말, 이를 '속회'라 부르게 됩니다. 리더는 12페니를 걷기 위해 회원들을 만나면서 그들의 형편과 처지를 듣게 되었고, 이를 웨슬리에게 보고했습니다. 웨슬리는 이 보고 내용이 성숙한 그리스도인을 만들어 가는 데 유용한 것임을 알게 되었습니다. 그 때부터 웨슬리는 이를 '속회'라 명명하고 속회에 목양의 기능을 첨가시켜 감리교회를 세우게 되었습니다. 재정 충당을 위한 조직이 성도들의 신앙 성숙을 위한 속회로 그 목적이 바뀌게 된 것입니다. 그런 점에서 속회의 본질은 교인들의 신앙 성숙, 즉 '성화'에 있다고 말할 수 있습니다.

속회는 외형적으로는 교회 내의 작은 모임이지만 그 안에 잠재된 역동성은 이미 역사를 통해 입증되었습니다. 존 웨슬리가 살던 18세기 영국의 상황은 성직자로부터 평신도에 이르기까지 방탕한 문화 속에 빠져 있었던 영적·도덕적 타락의 시대였습니다.

그런 상황 속에서 웨슬리는 속회 운동을 전개해 나갔고 놀라운 결과물을 만들어 냈습니다. 교회 내의 작은 모임인 속회에 참여한 개인들의 삶이 변화되었고, 곧이어 교회가 점차 새로워졌으며, 더 나아가 교회의 부흥과 함께 사회가 변화되었습니다. 한 사람의 개인적인 변화가 사회를 변화시킬 수 있다는 것을 입증한 사건이 바로 속회운동이었습니다. 교회가 세상에서 빛이 되고 소금이 된다는 것을 실제로 사회 속에서 보여준 것입니다.

> **Tip** '성화'란 '중생', 즉 '거듭 난다'는 것과 다른 말인가요?
>
> 비슷하지만 다른 말입니다. 성화란 거듭남 이후의 삶을 말하는 것입니다. 감리교에서는 '구원의 질서(순서)'를 말하는데 이는 사도바울이 빌립보서에서 주장하고 있는 것과 일맥상통하는 것으로 볼 수 있습니다.(빌 3:12-14)
>
> 첫째는 '칭의'(Justification)의 단계입니다. 즉, 죄인으로 살던 우리가 예수님의 대속의 죽음을 믿음으로 우리의 죄가 사함 받게 되고, 그것으로 인해 하나님이 우리를 '의롭다고 칭해 주시는 것'입니다. '칭의'와 함께 주어지는 것이 바로 '중생'입니다. 쉽게 표현하자면 '중생'은 실제로 태어나는 것이고, '칭의'는 호적에 올리는 것과 같습니다.
>
> 둘째는 '성화'(sanctification)의 단계입니다. 어린아이가 태어나면 자라야 하듯이 영적으로도 어린아이 수준에서 자라 성숙을 향해 나가야 합니다. 늘 죄와 유혹에 넘어지던 성도가 그것을 이기는 단계로 성장해 가는 것입니다.
>
> 셋째는 '완전'(christian perfection)의 단계입니다. 이 세상을 살아가는 동안 과연 성도가 완전의 단계에 이를 수 있는가는 계속되어온 질문입니다. 사도바울은 될 수 있다고 주장하고 있으며(엡 4:13-15), 존 웨슬리 역시 같은 대답을 하고 있습니다. 여기서 말하는 '완전'은 흠이 없는 상태가 아니라 죄의 유혹에 넘어지지 않으면서 매 순간 하나님의 뜻대로 살아가는 것을 말합니다

갈라디아서 6:1-2

1. 형제들아 사람이 만일 무슨 범죄한 일이 드러나거든 신령한 너희는 온유한 심령으로 그러한 자를 바로잡고 너 자신을 살펴보아 너도 시험을 받을까 두려워하라 2. 너희가 짐을 서로 지라 그리하여 그리스도의 법을 성취하라

다음은 속회의 시작에 관한 내용입니다. 맞는 것을 모두 고르십시오.

① '교회 안의 작은 교회'를 뜻합니다
② 속회는 교인들의 신앙성숙을 위한 모임입니다
③ 존 웨슬리가 감리교의 속회를 만들었습니다
④ 처음부터 성경공부라는 지적인 목적만을 충족시키고자 시작되었습니다.

정답 ①②③

예배만 잘 드리면 되지, 속회를 꼭 해야 하나요?

속회에는 여러 가지 유익이 있습니다. 속회는 함께 믿음의 길을 걷고 있는 이들이 있음을 알려주어 새 힘을 얻게 하고, 또 우리가 성도로서 어떠한 삶을 살아야 할지를 깨닫게도 합니다. 믿음의 길을 걸어가면서 상처받고 절망할 때에 회복시키는 기능도 가지고 있습니다.

속회는 마음의 안식처입니다

사람들은 지위고하를 막론하고 누구나 위로와 격려를 받기를 원합니다. 특별히 오늘날처럼 지치고 힘든 시대일수록 위로와 격려는 더욱 더 필요한 요소입니다. '가정'이란 사회생활에 지친 사람들이 마음 편히 쉴 수 있는 공간입니다. 나의 속마음을 털어 놓고 위로 받을 수 있는 곳입니다. 가정과 같은 곳이 교회 안에 있습니다. 어머니 같은 속장에게 기댈 수 있고, 온 가족이 함께 기도하며 위로 받을 수 있는 곳이 바로 '속회'입니다. 또한 사람들은 사회적 존재이기 때문에 소속감을 갖는 것도 매우 중요합니다. 여기에서 성도들은 영적인 평안과 견고한 소속감, 안

정감, 위로와 격려 등을 경험하게 됩니다.

요한복음 1:12-13
12. 영접하는 자 곧 그 이름을 믿는 자들에게는 하나님의 자녀가 되는 권세를 주셨으니 13. 이는 혈통으로나 육정으로나 사람의 뜻으로 나지 아니하고 오직 하나님께로부터 난 자들이니라

빌레몬서 1:5-7
5. 주 예수와 및 모든 성도에 대한 네 사랑과 믿음이 있음을 들음이니 6. 이로써 네 믿음의 교제가 우리 가운데 있는 선을 알게 하고 그리스도께 이르도록 역사하느니라 7. 형제여 성도들의 마음이 너로 말미암아 평안함을 얻었으니 내가 너의 사랑으로 많은 기쁨과 위로를 받았노라

히브리서 10:24-25
24. 서로 돌아보아 사랑과 선행을 격려하며 25. 모이기를 폐하는 어떤 사람들의 습관과 같이 하지 말고 오직 권하여 그 날이 가까움을 볼수록 더욱 그리하자

속회는 어른들을 위한 교회 학교입니다

사람은 학교 교육을 통해 인간관계를 배우고 지식을 습득합니다. 이처럼 성도들은 속회를 통해서 하나님이 원하시는 성경적인 삶에 대하여 배웁니다. 성도들은 영적인 배움의 자리인 속회를 통하여, 속회원들과의 관계 속에서 자신의 모습을 보게 되고, 말씀을 배우고 기도하는 과정을 통하여 신앙이 성장해 가게 됩니다.

에베소서 4:1-3
1. 그러므로 주 안에서 갇힌 내가 너희를 권하노니 너희가 부르심을 받은 일에 합당하게 행하여 2. 모든 겸손과 온유로 하고 오래 참음으로 사랑 가운데서 서로 용납하고 3. 평안의 매는 줄로 성령이 하나 되게 하신 것을 힘써 지키라

에베소서 4:13-15

13. 우리가 다 하나님의 아들을 믿는 것과 아는 일에 하나가 되어 온전한 사람을 이루어 그리스도의 장성한 분량이 충만한 데까지 이르리니 14. 이는 우리가 이제부터 어린 아이가 되지 아니하여 사람의 속임수와 간사한 유혹에 빠져 온갖 교훈의 풍조에 밀려 요동하지 않게 하려 함이라 15. 오직 사랑 안에서 참된 것을 하여 범사에 그에게까지 자랄지라 그는 머리니 곧 그리스도라

속회는 마음을 치유해 주는 병원입니다

현대인들은 누구나 마음의 여러 가지 상처를 가지고 살아갑니다. 심리적인 것이든 정신적인 것이든 가족관계와 인간관계에서 비롯된 것이든 각자가 안고 살아가는 상처와 아픔이 있습니다. 속회는 병원처럼 이러한 상처들을 치유하는 곳입니다. 속회 안에서 서로를 인정해 줌으로써 자존감을 세워주고 또 함께 기도함으로써 하나님의 도우심을 받게 됩니다. 마음의 질병, 육체의 질병이 치유되고 회복되는 일들이 속회에서 일어나게 됩니다.

마태복음 18:19-20

19. 진실로 다시 너희에게 이르노니 너희 중의 두 사람이 땅에서 합심하여 무엇이든지 구하면 하늘에 계신 내 아버지께서 그들을 위하여 이루게 하시리라 20. 두세 사람이 내 이름으로 모인 곳에는 나도 그들 중에 있느니라

사도행전 2:42-43

42. 그들이 사도의 가르침을 받아 서로 교제하고 떡을 떼며 오로지 기도하기를 힘쓰니라 43. 사람마다 두려워하는데 사도들로 말미암아 기사와 표적이 많이 나타나니

야고보서 5:14-16

14. 너희 중에 병든 자가 있느냐 그는 교회의 장로들을 청할 것이요 그들은 주의 이름으로 기름을 바르며 그를 위하여 기도할지니라 15. 믿음의 기도는 병든 자를 구원하리니 주께서 그를 일으키시리라 혹시 죄를 범하였을지라도 사하심을 받으리라

 다음은 속회에서 하는 중요한 일들을 적은 것입니다. 다음 중 맞지 않는 것을 고르십시오.

① 속회는 세상 사람들과의 사교성 훈련을 하기 위한 곳입니다
② 속회는 우리가 편히 쉴 수 있는 마음의 안식처입니다
③ 속회는 어른들을 위한 교회 학교입니다
④ 속회는 상처입은 마음을 치유해 주는 병원입니다

① :吕&

우리가 기억해야 할 속회의 특징은 무엇일까요?

속회의 결과는 놀라운 것이었습니다. 개인이 변화되는 것은 물론 교회가 새로워지고 사회까지도 새롭게 변화되었습니다. 엘리 할레비(Elie Halevy)와 렉키(W. E. H. Lecky)를 비롯한 여러 학자들은 웨슬리의 감리교 운동이 있었기에 영국은 프랑스 혁명과 같은 폭력적인 혁명을 맞지 않았다고 주장하기도 합니다. 속회가 가지고 있는 몇 가지의 독특한 특징들은 오늘날의 교회에도 여전히 유용한 것입니다.

삶 속에서 규칙을 실천합니다

속회 모임에는 여러 가지 유익한 점들이 있었는데 그 중에 대표적인 것은 바로 존 웨슬리가 만든 감리교 규칙을 이행해야 한다는 점입니다. 감리교의 규칙은 세 가지 ('첫째는 악을 행치 않는다.' '둘째는 선을 행하되 많은 사람에게 많은 선을 행한다.' '셋째는 하나님의 규례를 지킨다.')의 중요한 총칙이 있었습니다. 속회원

들은 이러한 총칙들을 삶 속에서 실천해야 했습니다. 속장은 속회 모임에서 이를 구체적으로 점검하였고, 격려와 권면을 통해서 속회원들이 성화의 삶을 살도록 이끌었습니다.

> **Tip** 존 웨슬리가 만든 감리교 규칙은 어떤 것이었나요?
>
>
> 초기 메도디스트들이 사용했던 속회출석표
>
> 규칙은 단순한 것이었지만 감리교 운동을 가능하게 만들었고 또 사회를 변화시키는 원동력이 되었습니다. 총칙에서 다루고 있는 세 가지 규칙은 다음과 같습니다.
>
> 첫째는 악을 행치 않는다는 것입니다. 죄와 벗하여 살지 않는 것, 또 죄의 유혹에 빠져 살지 않는 것입니다. 사실 성도의 영적인 능력은 여기에서부터 비롯됩니다. 거짓말하고 남을 속이고 악한 행동을 일삼으면 영적인 사람이 될 수 없습니다.
>
> 둘째는 선을 행하되 많은 사람에게 많은 선을 행하는 것입니다. 야고보서에서는 사람이 선을 행할 줄 알고도 행치 아니하면 죄라고 말하고 있습니다.(약4:17) 성도가 세상의 빛이 되는 것은 가만히 있어서 되는 일이 아닙니다. 세상의 변화도 실천이 필요합니다.
>
> 셋째는 하나님의 규례를 지키는 것입니다. 이는 예배 참석과 기도, 구제 등 전통적으로 내려오는 것들을 지키는 것인데, 별거 아닌 거 같아보일지 모르지만 이는 하나님의 은혜를 체험하는 수단들입니다.
>
> 그런데 이렇게 규칙을 지키는 일은 웨슬리 사후에는 점차 시들해지고, 결국은 성경공부 중심으로 변질되고 말았습니다. 지식적인 만족도는 높았을지 모르지만, 그때부터 성도는 변화하지 않았고, 사회 역시 변화하지 않게 되었습니다.

마태복음 5:14-16

14. 너희는 세상의 빛이라 산 위에 있는 동네가 숨겨지지 못할 것이요 15. 사람이 등불을 켜서 말 아래에 두지 아니하고 등경 위에 두나니 이러므로 집 안 모든 사람에게 비치느니라 16. 이같이 너희 빛이 사람 앞에 비치게 하여 그들로 너희 착한 행실을 보고 하늘에 계신 너희 아버지께 영광을 돌리게 하라

사도행전 2:44-45

44. 믿는 사람이 다 함께 있어 모든 물건을 서로 통용하고 45. 또 재산과 소유를 팔아 각 사람의 필요를 따라 나눠 주며

갈라디아서 6:10

그러므로 우리는 기회 있는 대로 모든 이에게 착한 일을 하되 더욱 믿음의 가정들에게 할지니라

서로의 삶을 격려하고 책임지는 자세를 지닙니다

속회의 성공과 실패를 결정하는 열쇠라 할 수 있는 것이 바로 속회원 간의 '상호책임'입니다. 성도들이 개인적으로 하나님의 뜻을 자신의 삶 속에서 실천하는 것은 쉽지 않습니다. 대부분 작심삼일(作心三日)로 그칠 때가 많은데, 상호 책임성을 가지고 함께 할 때에는 달라집니다. 속회를 통하여 서로의 삶을 점검하고 격려하면서 거룩한 삶을 위해 정진해 나갈 수 있게 됩니다.

신앙의 결단을 확인하는 곳입니다

웨슬리 당시의 속회는 상황에 따라 참석이 유동적인 모임이 아니라 철저하게 의무적으로 참석해야 하는 모임이었습니다. 만약 3번 결석을 하게 되면 속회에서 제명이 될 정도였습니다. 지금은 교회에 등록한 성도들은 특별한 검토 없이 속회에 편성되고 성도로서의 자격을 갖게 되지만 웨슬리 당시에는 속회에서 규칙을 잘 지키는지를 검토한 후에 감리교 모임에 참여토록 했습니다. 즉, 속회는 감리교인이 되기 이전에 먼저 신앙의 결단을 시험받는 자리였습니다.

효과적이고 실제적인 교육과 교제가 가능한 곳입니다

현대 교회에서는 속회가 단순히 모임을 위한 조직으로 존재하는 경우가 종종 있습니다. 많은 성도들이 바쁜 일상 속에서 속회 모임의 이유조차 알지 못한 채 모이기도 하고, 이러한 모임을 지속하면서 속회 무용론을 주장하기도 합니다. 그러나 속회를 통해서 속회원들은 대중이 모이는 공예배에서는 경험할 수 없는 친근감과 소속감을 느낄 수 있고, 효과적이고 실제적인 교육과 교제가 가능해집니다. 속회는 실제적인 삶의 변화를 이끄는 공동체인 것입니다.

> **Tip** 존 웨슬리 당시 속회원이 되기 위한 조건은 어떤 것이었나요?
>
> 존 웨슬리 당시, 속회원이 된다는 것이 쉬운 일이 아니었습니다. 아무나 속회원으로 받아들이지 않았기 때문입니다. 존 웨슬리는 그저 형식적인 신앙인이 아니라 삶으로 구원의 증거를 보여줄 수 있는 분명한 기독교인을 원했습니다. 그 결과 다음의 과정을 거쳐야만 속회원이 될 수 있었습니다.
>
> 1단계: 새로운 회원이 되고자 하는 사람은 먼저 속회의 목적과 규칙을 알아야 합니다. 이 사람은 이것을 잘 지킬 것인지 깊이 고민한 후에 결단해야 했습니다.
>
> 2단계: 규칙을 지키며 회원이 되기로 결단한 사람은 3개월 간의 예비기간을 두고 실제로 감리교 규칙을 잘 지키는지 확인 절차를 거쳐야 했습니다.
>
> 3단계: 새신자가 위 과정을 잘 거치면 속장은 그에게 속회 입회증서를 주고 정식 속회원으로 받아들였습니다. 이런 신자들만이 감리교 예배에 참여할 수 있었습니다.
>
> 4단계: 이후에도 속회원들은 설교자들이 마련한 연 4회의 시험 과정을 거쳐야 했으며, 세 번 연속으로 결석하면 자동으로 추방되었습니다. 추방된 속회원은 참회자반(penitents)에 들어가 다시 재교육을 받아야 감리교인이 될 수 있었습니다.
>
> 이처럼 웨슬리 당시의 속회는 신앙성장을 위한 장소이기도 했지만 감리교인이 되기 전에 반드시 거쳐야 하는 관문이었습니다.

Q&A 우리가 기억해야 할 속회의 특징으로 알맞은 것을 모두 고르십시오.

① 삶 속에서 많은 이들에게 선을 행한다는 규칙을 실천합니다
② 효과적이고 실제적인 교육과 교제가 가능한 곳입니다
③ 서로의 삶을 격려하고 책임지는 자세를 지녔습니다
④ 신앙의 결단을 확인하며 성화의 삶을 살도록 노력하는 곳입니다

정답 ①②③④

나눔

1. 속회모임을 통해서 치유와 회복을 경험했던 적이 있습니까? 언제, 어떤 상황이었는지, 그 속회 모임 이후에 상황이 어떻게 변화되었는지 이야기해 주십시오.

2. 현재 여러분은 속회에 속해 있습니까?

① 자신이 속해 있는 속회의 어떤 점이 좋은지 이야기해 주십시오.

② 자신이 속해 있는 속회에서 보완했으면 하는 점이 있다면 이야기해 주십시오.

Chapter 10

교회 같지만 교회가 아닌 곳

생각하기

교회 같지만 교회가 아닌 것이 무엇일까요?

_____

_____

_____

나의 교회생활은 하나님이 보시기에 어떠실까요? 신앙이 긍정적이고 건강하게 잘 성장하고 있나요?

_____

_____

    교회가 시작된 이래 현재에 이르기까지 소위 '이단 세력'은 교회를 위협해 왔고, 지금도 많은 교인들을 미혹하여 잘못된 길로 빠지게 하고 있습니다. 이단을 단순히 교리가 다른 종교 정도로 생각해서는 안 됩니다. 왜냐하면 이단으로 인해 사회적으로나 가정적으로도 심각한 문제들이 야기되기 때문입니다. 따라서 이단에 대해서 바로 알고, 그 위험성을 잘 인지하는 것이 중요합니다.

이단(異端)은 무엇일까요?

'이단'(異端)은 말 그대로 '끝이 다른 것'을 말합니다. 즉 얼핏 보기엔 교회와 같아 보이지만 결코 같지 않다는 것입니다. 이단들은 자신들이 성경말씀을 가장 바르고 깊이 있게, 그리고 논리적으로 가르친다고 말합니다. 실제로 이단들은 사람들이 좋아하고 옳다고 동의할 만한 것들을 가르치면서 신뢰를 쌓아갑니다. 그리고 어느 정도 신뢰가 쌓이면 그 때부터 본색을 드러내기 시작합니다.

자신들의 교주를 재림하신 예수님으로 소개하는 경우가 많습니다

일반적으로는 자신들의 교주를 재림하신 예수님으로 소개하는 경우가 다반사입니다. 그러나 성경은 '그리스도가 여기 있다. 혹은 저기 있다 하여도 믿지 말라'고 경고하고 있습니다.(마 24:23-24) 예수님은 이미 2천 년 전에 이 모든 일들이 일어날 것을 아셨고 그 일에 속지 말 것을 제자들에게 예고하셨습니다.

이단들은 교주의 말을 하나님의 말씀으로 받아들이고 생명을 걸고 시행합니다. 과거 어느 이단 집단에서는 사람을 죽여 사회적으로 물의를 일으켰고, 일본의 오옴 진리교에서는 지하철에서 독가스를 살포해 많은 인명피해를 입혔습니다. 이단은 마지막 때에 많은 교인들을 무너뜨리기 위한 사탄의 유용한 도구입니다. 예수님은 이단 집단의 교주처럼 그렇게 오시는 분이 아님을 기억해야 합니다.

> **마태복음 24:23-24**
> 23. 그 때에 사람이 너희에게 말하되 보라 그리스도가 여기 있다 혹은 저기 있다 하여도 믿지 말라 24. 거짓 그리스도들과 거짓 선지자들이 일어나 큰 표적과 기사를 보여 할 수만 있으면 택하신 자들도 미혹하리라

성경말씀을 교주의 뜻에 따라 임의적으로 해석합니다

이단들은 성경말씀을 올바르게 해석하지 않고 교주의 뜻에 따라 임의적으로 해석합니다. 자신의 목적을 타당한 것처럼 보이게 하려고 성경 본문을 짜깁기하여 괴물 같은 교리들을 만들어냅니다. 겉으로는 논리적이고 타당한 것처럼 보여도, 성경 전체의 문맥을 통해 보면 분명히 왜곡된 모습을 발견하게 됩니다. 말씀을 해석할 때 이렇듯 임의로 해석을 해서는 안 된다고 성경은 경고하고 있습니다.(벧후 1:20, 3:16) 갈라디아서 1장 8절에서는 "하늘로부터 온 천사라도 다른 복음을 전하면 저주를 받을 것"이라고 하셨습니다.

이단들은 자신들의 성서 해석만이 옳고, 자신들의 집단을 통해서만 구원을 받는다고 합니다. 그러나 이 말대로라면 이천 년 전에 기록된 성경은 무의미하며 순교를 통해 교회를 세우고 지켜온 이들은 단 한사람도 구원받지 못했다는 논리로 귀결됩니다.

갈라디아서 1:8
그러나 우리나 혹은 하늘로부터 온 천사라도 우리가 너희에게 전한 복음 외에 다른 복음을 전하면 저주를 받을지어다

베드로후서 1:20
먼저 알 것은 성경의 모든 예언은 사사로이 풀 것이 아니니

베드로후서 3:16
또 그 모든 편지에도 이런 일에 관하여 말하였으되 그 중에 알기 어려운 것이 더러 있으니 무식한 자들과 굳세지 못한 자들이 다른 성경과 같이 그것도 억지로 풀다가 스스로 멸망에 이르느니라

예수님의 신성을 부인합니다

어떤 이단들은 예수님의 신성을 부인합니다. 이들은 예수님이 성령으로 잉태되었다는 것을 부인하는데, '여호와의 증인'이라는 이단 단체에서는 예수님은 하나님에 의해 첫 번째로 창조된 피조물이라고 주장합니다. 이는 절대로 예수님은 하나님이거나 또는 하나님의 아들일 수가 없다는 것입니다. 성경은 이러한 자들에 대해 예수 그리스도를 부인하는 '적그리스도의 영'이라고 증거하고 있습니다.(요일 4:1-3)

> 요한일서 4:1-3
> 1. 사랑하는 자들아 영을 다 믿지 말고 오직 영들이 하나님께 속하였나 분별하라 많은 거짓 선지자가 세상에 나왔음이라 2. 이로써 너희가 하나님의 영을 알지니 곧 예수 그리스도께서 육체로 오신 것을 시인하는 영마다 하나님께 속한 것이요 3. 예수를 시인하지 아니하는 영마다 하나님께 속한 것이 아니니 이것이 곧 적그리스도의 영이니라 오리라 한 말을 너희가 들었거니와 지금 벌써 세상에 있느니라

믿음으로 구원받는다는 것을 부인합니다

이단들은 요한계시록 7장 4절의 말씀에 근거해서 자신들 144,000명만이 구원을 받게 된다고 가르칩니다. 그런데 이러한 주장은 '믿음으로 구원받는다.'(롬 1:17)는 사도 바울의 가르침에 정면으로 대적하는 비논리적인 내용입니다. 또한 예수님의 십자가 대속의 죽음이 모든 사람을 위한 하나님의 은혜라는 분명한 사실도 부인하는 것입니다.

그런데 특이한 것은 많은 이단들이 이 내용을 서로 인용한다는 점입니다. 요한계시록에 기록된 숫자들은 상징적인 숫자임에도 이단들은 이를 근거로 144,000명만이 구원받는다고 합니다. 많은 사람들을 미혹하고 있는 '신천지', '하나님의 교회'

라는 간판을 세우고 활동하는 '안상홍 증인회', 그리고 '여호와의 증인'이 이런 주장을 하고 있습니다.

요한복음 3:16-17
16. 하나님이 세상을 이처럼 사랑하사 독생자를 주셨으니 이는 그를 믿는 자마다 멸망하지 않고 영생을 얻게 하려 하심이라 17. 하나님이 그 아들을 세상에 보내신 것은 세상을 심판하려 하심이 아니요 그로 말미암아 세상이 구원을 받게 하려 하심이라

로마서 1:17
복음에는 하나님의 의가 나타나서 믿음으로 믿음에 이르게 하나니 기록된 바 오직 의인은 믿음으로 말미암아 살리라 함과 같으니라

디모데전서 2:4
하나님은 모든 사람이 구원을 받으며 진리를 아는 데에 이르기를 원하시느니라

토요일이 안식일이라고 주장합니다

이단들 중에 '안식교'와 '하나님의 교회(안상홍 증인회)'에서는 안식일을 지키려면 일요일이 아니라 토요일을 지켜야 한다고 주장합니다. 왜냐하면 구약성경의 안식일은 토요일이기 때문이라는 것입니다. 그러나 이는 분명히 확인할 수 없습니다. 왜냐하면 그 당시 유대인들의 달력은 지금의 우리의 것과는 다르기 때문입니다.

또한 현재 일요일에 예배를 드리는 것은 예수님께서 죽음 권세를 이기시고 부활하신 날이 일요일이기 때문이며 이를 '주의 날'(주일)이라 하고 이를 기념하고 함께 축하하는 것입니다.

따라서 토요일을 지켜야 한다는 주장은 예수 그리스도의 부활을 부정하는 것이며, 나아가 예수 그리스도가 구원자이심을 부정하는 것입니다.

재림 날짜와 시간을 이야기합니다

많은 이단들이 예수님의 재림 날짜와 시간을 이야기하면서 사회를 혼란에 빠뜨리기도 했습니다. 그러나 성경은 분명히 "그 날과 그 때는 아무도 모른다."(마 24:36)고 했습니다. 예수님은 제자들이 그 날에 대해 질문했을 때에도 "때와 시기는 아버지께서 자기의 권한에 두셨으니 너희가 알 바 아니라"(행 1:7)고 하셨습니다. 예수님이 재림하시는 날짜를 아는 것이 중요한 것이 아니고 그 날이 오기까지 하루하루를 최선을 다해 바르게 사는 것이 더 중요한 것입니다.

마태복음 24:36
그러나 그 날과 그 때는 아무도 모르나니 하늘의 천사들도, 아들도 모르고 오직 아버지만 아시느니라

마태복음 25:1-13
1. 그 때에 천국은 마치 등을 들고 신랑을 맞으러 나간 열 처녀와 같다 하리니 2. 그 중의 다섯은 미련하고 다섯은 슬기 있는 자라 3. 미련한 자들은 등을 가지되 기름을 가지지 아니하고 4. 슬기 있는 자들은 그릇에 기름을 담아 등과 함께 가져갔더니 5. 신랑이 더디 오므로 다 졸며 잘 새 6. 밤중에 소리가 나되 보라 신랑이로다 맞으러 나오라 하매 7. 이에 그 처녀들이 다 일어나 등을 준비할 새 8. 미련한 자들이 슬기 있는 자들에게 이르되 우리 등불이 꺼져가니 너희 기름을 좀 나눠 달라 하거늘 9. 슬기 있는 자들이 대답하여 이르되 우리와 너희가 쓰기에 다 부족할까 하노니 차라리 파는 자들에게 가서 너희 쓸 것을 사라 하니 10. 그들이 사러 간 사이에 신랑이 오므로 준비하였던 자들은 함께 혼인 잔치에 들어가고 문은 닫힌지라 11. 그 후에 남은 처녀들이 와서 이르되 주여 주여 우리에게 열어 주소서 12. 대답하여 이르되 진실로 너희에게 이르노니 내가 너희를 알지 못하노라 하였느니라 13. 그런즉 깨어 있으라 너희는 그 날과 그 때를 알지 못하느니라

사도행전 1:7
이르시되 때와 시기는 아버지께서 자기의 권한에 두셨으니 너희가 알 바 아니요

 다음 내용 중 이단의 특징을 모두 고르십시오.

① 자신들의 교주를 재림하신 예수님으로 소개합니다
② 하나님의 아들이신 예수님의 신성을 부인합니다
③ 우리가 믿음으로 구원받는다는 것을 부인합니다
④ 예수님의 재림 날짜와 시간을 이야기합니다

정답 ①②③④

이단(異端)의 종류

우리 주변에는 많은 이단들이 존재하고 있습니다. 이런 이단들에게 속지 않기 위해서는 이단에 관해 미리 알아 두는 것이 좋습니다. 크게 활동하고 있는 몇몇 이단들은 다음과 같습니다.

통일교

교주는 문선명입니다. 1954년 서울에서 시작되었고, 현재 본부는 미국 뉴욕에 있습니다. 통일교는 성경 대신 문선명 교주가 만든 '원리강론'을 더 중요하게 가르칩니다. 그리고 예수님은 하나님이고 부활하셨다는 사실을 부인하고, 사역도 실패했다고 주장합니다. 예수님께서는 결혼하지 않았기 때문에 가정 사역에서 실패했다고 가르칩니다. 그래서 결과적으로 예수님은 현재 낙원에서 문선명 교주가 모든 것을 다 이루어주기를 기다리고 있다고 합니다.

문선명을 따르는 신도들은 문선명을 진정한 구주요 하나님의 어린 양으로 믿고 있습니다. 이들은 과거 '피 갈음'으로 행해지는 혼음, 참 부모(문선명 부부)우상화, 강제적 결혼식 등으로 사회적 물의를 일으킨 바 있습니다.

통일교는 정치, 경제, 문화, 언론을 비롯한 여러 사회 분야에 파고 들어 세력을 확장시키고 있습니다. 세계일보, 선문대학교, 선화 예술 중고등학교, 유니버설 발레단, ㈜ 일화, 워싱턴 타임즈 등이 통일교 소유입니다.

기독교 복음선교회 (정명석, JMS)

교주인 정명석은 통일교 출신입니다. 통일교의 원리강론을 그대로 인용하여 자신의 교리인 '핵심교리 30개론'을 만들었고, 성경의 계시는 오직 특별히 선택받은 정명석 교주만이 풀 수 있다고 주장합니다. 예수님의 사역이 미완성으로 끝났다는 주장이나 그래서 정명석이 모든 것을 완성하기 위해 왔다는 주장은 통일교와 일치합니다. 요한계시록에 나오는 아마겟돈 전쟁은 기독교와 정명석과의 전쟁을 의미하는 것이며 최후 승자는 정명석이 될 것이라고 가르칩니다.

사람들이 죄로부터 구원받을 수 있는 방법은 오직 정명석을 통해 깨끗해지는 것밖에 없다고 세뇌시킵니다. 질병을 검사하겠다며 신체검사를 빙자해 여신도들을 성폭행하고 있지만, 정명석이 메시야라는 생각에 반항하지 못하고 당한 예들이 수 없이 많습니다. 이런 일들은 국내를 떠나 해외에서도 이어지고 있으며, 과거 일본과 중국의 여신도들이 정명석을 고발하면서 세상적인 화제가 되기도 했습니다.

신도들의 80% 이상이 대학생, 청소년들이며, 재즈, 스포츠, 문화 동아리 등을 통해 젊은이들 사이를 파고들어 갑니다. 근래에는 모델 에이전트, 학원 등을 설립해서 젊고 예쁜 여성들을 모집하고 있습니다.

신천지 (신천지 예수교 증거 장막성전)

교주는 이만희입니다. 처음에는 사이비 교주인 박태선의 전도관(신앙촌)에 입교했다가, 나중에는 '어린 종'으로 소개되던 유재열의 과천 장막성전 추종자가 되었던 사람입니다. 그런 점에서 신천지의 가르침은 신앙촌의 박태선 교리나 유재열의 가르침과 별반 다르지 않습니다. 이만희는 자신을 스스로 성경이 약속한 '보혜사'로 소개합니다. 비유 중심의 억지 성경해석을 시도, 자신들 144,000명만이 구원을 받을 수 있다고 가르치며 비유를 깨닫지 못한 사람들은 구원 받지 못한 이들이라 주장합니다.

신천지에서는 일반적으로 '교회'를 자기들의 '추수밭'으로 부르고 있으며, 이만희 자신을 '참 목자'로, 교회의 목사들을 '거짓 목자'로 가르치고 있습니다. 이런 거짓 목자들 밑에서 신앙생활하는 사람들이 불쌍하니 빨리 신천지로 데려 와야 한다며 미혹합니다. 우리는 성경에 나오는 사도들 중 베드로나 사도바울은 비유를 강조하지 않고 온전한 복음을 전했다는 사실을 기억해야 합니다. 즉 이만희의 주장은 터무니없는 속임수라는 것입니다.

그들의 전도전략은 매우 교활합니다. 다른 교회에 다니다가 상처를 받아서 지금 새 교회를 찾는 중이라 거짓말을 하면서 교회에 출석합니다. 교회 침투에 성공하면 신천지 추수꾼들은 그 교회에서 목회자의 눈에 들도록 열심히 신앙생활을 하고 전도도 많이 합니다. 그런데 사실은 이는 신천지 사람들을 교회로 끌어들이는 작업입니다. 신천지 사람들의 숫자가 점점 많아지면 조직적으로 당회에 참석하여 담임목사를 몰아내고 신천지 목사를 영입하는 계획을 세우고 있습니다. 지금은 아예 신천지 출신의 젊은 청년들을 정통 교단의 신학교에 입학시켜 목사 안수를 받게 하고, 교회로 파송받아 그 교회 전체를 삼키려는 전략도 실천하고 있습니다. 이처럼 거짓말을 하고 사람들을 속이면서 전도하라는 교회는 없습니다. 이는 신천지가 이단이라는 것을 증명해 줍니다.

하나님의 교회 세계 복음선교 협회 (안상홍 증인회)

이 단체의 창시자는 안상홍 교주입니다. 처음부터 안상홍은 자신이 죽지 않는 '하나님'이라고 공포했지만 결국 자신은 죽었습니다. 안상홍이 죽자 안상홍을 따르던 사람들은 그 아내를 '하나님 어머니'로 부르며 섬기고 있습니다. 본부는 관악구 봉천동에 위치하고 있으며, 기본적으로는 안식교의 교리에 따라 토요일을 안식일로 지켜야 한다고 주장하고 있습니다. 지금은 성령의 시대이기 때문에 예수님의 이름만으로는 구원을 받을 수 없으며, 기도할 때에도 안상홍의 이름으로 기도해야 한다고 가르칩니다.

'대학생 자원봉사 연합'(FUV)이라는 모임을 만들어 대학생들을 미혹하고 있으며, 여기서도 자기들에게 속한 144,000명만이 구원을 받는다고 주장합니다. 멜기세덱 출판사를 운영하면서 안상홍 증인회와 관련된 많은 서적을 출판하고 있습니다.

여호와의 증인(Jehovah's Witnesses)

창시자는 '찰스 러셀'(Charles T. Russell)이며 1870년 미국 펜실바니아에서 시작된 이단입니다. 뉴욕의 브루클린에 본부가 있고 한국 본부는 경기도 안성에 위치하고 있습니다. 성경 외에 '파수대'와 '깨어라'라는 잡지를 사용하고 있습니다.

예수님은 하나님이 아니라 하나님의 첫 번째 피조물이라고 주장하고 있으며, 여호와의 증인이 아닌 모든 사람들은 천사들에 의해 멸망당할 것이며 자신들에게 속한 144,000명만이 구원을 받을 것이라고 가르칩니다. 국기에 대한 경례를 금하고, 군대를 거부하며, 수혈을 하거나 받는 것을 모두 거부하고 있습니다.

주일에 '왕국회관'이라는 곳에서 모임을 가지며, 성경도 자신들에게 맞도록 변질시킨 '신세계 번역 성경'을 사용합니다. 기존의 교인들을 주 공략대상으로 삼아가가호호(家家戶戶) 방문하면서 자신들의 교리를 가르치고 있습니다. 혹시 이들을 만나게 되면 당황하지 말고 대처하십시오. 성경말씀을 많이 아는 것 같이 보여도 교회의 가르침과 다른 자신들의 교리를 몇 가지 준비해서 오는 것뿐입니다.

몰몬교 (말일성도 예수그리스도 교회)

창시자는 '요셉 스미스 주니어'(Joseph Smith, Jr 1805-1844)이며 1830년 미국 뉴욕에서 '말일성도 예수 그리스도 교회'를 세웠습니다. 본부는 미국 유타주 솔트레이크에 위치하고 있습니다. 성경을 읽기는 하지만 자신들의 경전인 '몰몬경'을 성경보다 우위에 두고 있습니다. 예수님은 이 땅에서 결혼을 했으며, 십자가의 죽음은 모든 죄를 사하지 못했다고 가르치고 있습니다. 술과 담배는 물론 커피와 차(Tea)도 금하고 있습니다.

몰몬교도들은 일부다처제를 실천하고 있으며, 은밀한 예배의식에는 높은 지위의 사람들만 참여할 수 있고 유색인종은 몰몬교의 성직자가 될 수 없습니다. 몰몬교도가 되면 2년간 선교사 서약을 해야 합니다. 주변에서 깨끗한 정장차림의 외국인들이 두 명씩 짝 지어 다니는 것을 종종 보게 되는데 이들이 몰몬교 선교사들입니다. 한국인들에게 영어를 가르쳐주겠다며 접근을 하고 있습니다.

기타 이단들

한국의 대표적인 이단으로는 '한국 예수교 전도관 부흥협회'가 있습니다. 여기가 교주 박태선이 만든 '신앙촌'입니다. 박태선의 죽음과 더불어 소수 무리로 전락하게 되었지만 이 신앙촌은 한국 신흥 이단들의 뿌리가 되고 있습니다. 여기에서 파생된 이단들이 십여 개가 넘는 것으로 보입니다.

조희성의 '영생교'도 신앙촌의 한 지류입니다. 조희성은 자칭 성경에서 말하는 '구세주'가 바로 자기이며, 불교에서 말하는 '미륵불' 역시 자신이라고 주장해 왔습니다. 그러나 그 결과는 살인 생매장이라는 충격적인 사건으로 세상의 지탄을 받았습니다.

'한국 기독교 에덴성회'의 이영수 역시 신앙촌의 지류입니다. 박태선이 첫 감람나무이면 자신은 두 번째 감람나무라고 소개하고 있습니다. 경기도 가평에 신앙촌과 같이 '에덴타운'을 형성하여 돈을 벌어들이고 있습니다.

이 외에도 '아가동산'의 김기순도 있습니다. 경기도 이천에서 아가동산을 창립하였는데, 자신은 아기처럼 죄가 없다며 '아가야'로 호칭하고 자신이 머무는 곳을 '아가동산'이라 했습니다. 또한 자신은 재림 예수며 하나님의 영을 받은 사람이기에 살인해도 죄가 안 된다고 주장합니다. 거기에서 세운 것이 '신나라 레코드'이고, 착취를 견디지 못하고 탈출한 몇몇 신도들이 살인과 암매장 사건을 폭로했습니다.

이단(異端)이 왜 위험할까요?

이단에 잘못 빠져 큰 어려움 가운데 고통당하는 사람들의 사례가 날이 갈수록 늘어가고 있습니다. 그 폐해는 개인의 삶뿐 아니라 가족을 비롯한 주위 사람들에게도 고통을 주고, 더 나아가 사회 문제로까지 퍼지게 됩니다. 그런데 가장 안타까운 것은 헌신적으로 이단 교주를 섬기며 최선을 다해 순종했어도 결국 구원에 이르지 못한다는 점입니다.

요한복음 10:10
도둑이 오는 것은 도둑질하고 죽이고 멸망시키려는 것뿐이요 내가 온 것은 양으로 생명을 얻게 하고 더 풍성히 얻게 하려는 것이라

일상적인 생활을 하기 어렵습니다

'이단'들은 처음에는 사랑이 많은 교회, 사람들이 꿈꾸는 교회인 것처럼 포장해서 소개하지만 날이 갈수록 마각을 드러냅니다. 구원을 위해서 더욱 열심히 헌신할 것을 강조한 나머지 직장도 그만두게 하는 경우가 있습니다. 대신 근근이 살아갈 수 있도록 비정규직 아르바이트를 하게 합니다. 또한 자신들의 부를 축적하기 위해 신도들에게 앵벌이를 강요하기도 합니다.

> **Tip** '교인', '성도'와 '신도'는 어떤 차이가 있나요?
>
>
>
> 쉽게 설명을 하자면 '교인'은 교회를 다니는 사람을 말합니다. 그리고 '성도'는 예수 그리스도를 믿음으로 죄에서 자유롭게 된 구원받은 하나님의 백성을 말합니다. 즉, '거룩한 백성'이라는 뜻이 바로 '성도'인 것입니다. 실제적으로는 '교인'과 '성도' 모두 교회 다니는 사람들을 가리킵니다.
>
> 이와 구분해서 '신도'란 '신앙을 가진 사람'이라는 뜻입니다. 가장 포괄적인 개념으로 그런 점에서 이단을 믿는 자들도 '신도'라 불릴 수 있습니다.(물론 교회에 다니는 사람들도 '신도'라는 표현을 사용할 수 있지만 일반적으로는 '교인'이나 '성도'라는 표현을 더 많이 사용하고 있습니다.) 이 글에서는 교인들과 구분하기 위해 이단 추종자들을 '신도'로 호칭하였습니다.

교주에 의해 성적인 노예가 되기도 합니다

이단들은 자신들의 교주를 신(神)적인 존재로 추앙하기 때문에 교주의 명령을 거부할 수가 없습니다. 이들은 자신을 따르는 신도들에게 자유를 주겠다며 성(性)적인 행위를 서슴지 않고 행합니다. 성적인 대상으로는 어린 대학생에서부터 유부녀에 이르기까지 다양합니다. 처음에는 영문도 모른 채 당하지만 시간이 지날수록 당했다는 것을 깨닫고 법원에 고소하는 일들이 많이 일어나고 있습니다. 시간이 지나고 후회를 해보지만 이미 몸과 마음이 상처를 입은 후라 안타까움이 클 수밖에 없습니다.

가족 관계가 끊어지기도 합니다

이단에 빠지면 영적으로 미혹이 되기 때문에 물불을 가리지 않게 되고 맹목적으로 이단집단의 가르침에 빠지게 됩니다. 이런 일로 인해 가장 상처를 받는 사람들은 가족들입니다.

사랑하는 아들이나 딸이 이단에 빠져서 학교 또는 직장을 포기한 채 살고 있는 것을 가만히 두고 볼 수는 없습니다. 이단으로부터 자녀들을 되찾고자 하지만 이단은 이들을 쉽게 놔주지 않습니다. 가족이 데려가려 할 때를 대비한 행동지침도 교육합니다. 때로는 자녀가 아니라 아내가 이단에 빠져 아픔을 겪는 가정도 많이 있습니다. 한 예로 신천지에서는 6개월 동안 하루 2시간씩 집중교육을 실시하며 이 과정을 막는 사람이 있다면 그 사람과 만나지 말 것이며, 혹시 남편이 그렇게 한다면 이혼하라고 가르칩니다. 이단에 빠지면 그들의 가르침에 세뇌가 되어 가족도 잊어버리게 되는 것입니다.

재산을 탕진하고 빚더미에 올라 앉습니다

시한부 종말론을 가르치는 이단들은 이제 세상의 끝나므로 재산을 모을 필요가 없다고 합니다. 현재의 전재산을 다 바치고 구원받으면 하늘에서 상이 클 것이라고 가르칩니다. 실제로 이런 가르침에 속아 전 재산을 아내 몰래, 또는 남편 몰래 다 바친 자들이 많이 있었습니다. 그런데 정해진 시간에 종말이 오지 않아, 그 결과 그들은 이혼을 하고 빚더미에 올라 앉았습니다. 지금도 이단들은 이런 저런 이유와 핑계를 대고, 때론 겁을 주면서 돈과 재산을 요구하고 있습니다.

사회적으로 큰 물의를 일으킵니다

건강한 교회는 사회에 빛과 소금이 되는 것을 지향합니다. 그러나 이단들은 사회적으로 큰 문제를 발생시켜 왔습니다. 성적으로 문란한 행위를 통해 가정 파탄을 일으킨 것은 물론이고 때로는 교주의 명령에 의해 사람을 죽이고 암매장도 합니다.

이런 점에서 이단 세력이 커지는 것을 하나의 종교적 현상만으로 봐서는 안 됩니다. 건강하지 못하고 상식적이지 못한 이단 세력이 커지는 것은 사회에 암적인 존재가 퍼져나가는 것입니다. 이단들은 이미 정상적인 생각의 범주를 벗어났기 때문에 교주의 명령에 의해서라면 국가도 전복할 수 있는 사람들이기 때문입니다.

 다음 내용 중 이단의 특징을 모두 고르십시오.

① 자신의 평소 생활과는 달리 어긋나 일상적인 생활을 하기 어렵습니다
② 교주에 의해 성적인 노예가 되기도 합니다
③ 교주만을 따르다가 가족 관계가 끊어지기도 합니다
④ 종말을 준비한다는 말에 넘어가 재산을 탕진할 수 있습니다

정답 ①②③④

이단(異端)에 빠지지 않으려면 어떻게 해야 하나요?

어떤 일이든 당하고 후회하기보다는 사전에 미리 예방하는 것이 최선입니다. 특히 이단의 경우는 그 피해 정도가 다른 일들과는 비교할 수 없을 만큼 참혹할 수 있습니다. 또한 영적인 미혹에 사로잡히기 때문에 자신이 믿고 있는 바가 진실이라고 착각하고는 자신의 생명을 바쳐서라도 지키고자 합니다. 그러므로 사전에 미혹되지 않도록 준비하는 것이 중요합니다.

성경 말씀을 바르게 잘 배워야 합니다

하나님의 말씀을 체계적으로 바르게 잘 배우는 것이 중요합니다. 사사로운 성경의 해석이 아니라 예수 그리스도의 오심과 죽으심, 부활과 재림이라는 관점에서 성경을 보아야 합니다. 이단이 이단인 것은 성경을 다르게 해석하고 풀기 때문입니다. 이단에 쉽게 빠지는 사람들 대부분이 성경말씀을 잘 알지 못합니다. 성경 말씀을 잘 배운 사람들은 이단들의 가르침을 들으면 뭔가 잘못된 것을 직감하게 됩니다.

에베소서 4:13-14
13. 우리가 다 하나님의 아들을 믿는 것과 아는 일에 하나가 되어 온전한 사람을 이루어 그리스도의 장성한 분량이 충만한 데까지 이르리니 14. 이는 우리가 이제부터 어린 아이가 되지 아니하여 사람의 속임수와 간사한 유혹에 빠져 온갖 교훈의 풍조에 밀려 요동하지 않게 하려 함이라

사랑의 하나님임을 기억해야 합니다

하나님은 사랑의 하나님이십니다. 우리를 위한 사랑 때문에 독생자까지 내어주신 분입니다. 또한 하나님은 이성적이십니다. 우리를 위협하거나 죽게 하시는 하나님이 아니라는 점을 잘 알고 하나님의 관점에서 상황을 판단할 때 이단의 유혹에서 벗어날 수 있습니다.

로마서 5:6
우리가 아직 연약할 때에 기약대로 그리스도께서 경건하지 않은 자를 위하여 죽으셨도다

로마서 5:8
우리가 아직 죄인 되었을 때에 그리스도께서 우리를 위하여 죽으심으로 하나님께서 우리에 대한 자기의 사랑을 확증하셨느니라

로마서 5:10
곧 우리가 원수 되었을 때에 그의 아들의 죽으심으로 말미암아 하나님과 화목하게 되었은즉 화목하게 된 자로서는 더욱 그의 살아나심으로 말미암아 구원을 받을 것이니라

로마서 8:38-39
38. 내가 확신하노니 사망이나 생명이나 천사들이나 권세자들이나 현재 일이나 장래 일이나 능력이나 39. 높음이나 깊음이나 다른 어떤 피조물이라도 우리를 우리 주 그리스도 예수 안에 있는 하나님의 사랑에서 끊을 수 없으리라

사도신경에 비춰봐야 합니다

초대교회로부터 이단은 교회 공동체를 미혹하였고 복음의 진리를 왜곡하였습니다. 그래서 이러한 이단의 문제에 대처하기 위해서 성경의 말씀을 근거로 신조를 만들었는데, 이것이 바로 '사도신경'입니다. 사도신경은 성부 하나님과 성자 예수님, 그리고 성령과 교회, 마지막 날에 대한 성도의 교제로 구성되어 있습니다. 이 내용들은 우리 신앙의 핵심내용이므로 이를 기준으로 이단을 진단해 볼 수 있습니다.

교회적 차원의 예방이 필요합니다

교회는 많은 교육프로그램을 진행하는 것도 중요하지만 이단들의 공격에 넘어지지 않도록 성도들을 지키는 것도 중요합니다. 이를 위해서 교회는 몇 가지 예방적 차원의 준비가 필요합니다.

첫째는 이단에 대한 교육을 정기적으로 실시하는 것입니다. 일반적으로 성도들은 이단과 자신들의 삶은 무관하다고 생각합니다. 우리 가족은 이단과 아무런 상관이 없다고 생각하고 있었는데 자녀 중 하나가 이단에 깊이 빠진 것을 뒤늦게 발견하고는 큰 어려움에 빠진 성도들도 의외로 많이 있습니다. 교회는 이런 사실을 성도들에게 알리고 이단에 대한 교육을 실시하고, 교인들은 미리 들어두는 것이 좋습니다.

둘째로 교회는 이단의 출입을 금한다는 포스터나 출입금지 스티커를 부착해야 합니다. 이는 나중에 법적인 문제가 되었을 때 효력을 발휘할 수 있습니다.

셋째는 교회 내의 소그룹 속회 리더들을 통해 성도들을 잘 돌보게 해야 합니다. 이단은 조용히 교회에 침투해서 성도들을 하나 둘씩 끌고 나가기에 교회 전체적 관점에서는 파악하기 힘들 수 있습니다. 그래서 소그룹 속회 리더들이 성도들을 잘 돌보게 하고, 성도들의 영적 상태에 대해서도 수시로 보고 받아야 합니다.

 이단에 미혹되지 않으려면 어떤 방법이 있을지 알맞는 것을 모두 고르십시오.

① 이단적 해석을 알아채기 위해 성경 말씀을 바르게 잘 배워야 합니다
② 이단을 직접 찾아다니며 그들이 잘못되었다는 것을 증명하도록 합니다
③ 믿음을 고백하는 사도신경의 내용에 비춰봐야 합니다
④ 이단에 대한 교육을 실시하는 등 교회적 차원의 예방이 필요합니다

정답 ①③④

나눔

1. 주변에 이단으로 인해 피해를 입은 친구나 이웃이 있습니까? 그들에게 어떤 일이 있었는지 보고 들은 것을 말해 주십시오.

2. 이단들이 접근해 오거나 포섭하려 할 때 피할 수 있는 가장 좋은 방법은 무엇일까요? 서로의 생각을 이야기해 주십시오.

참고문헌

한영태, 『웨슬레의 조직신학』, 서울: 성광문화사, 1996

제임스 F. 화이트, 정장복. 조기연 역, 『기독교예배학 입문』, 서울: 예배와 설교 아카데미, 1991

정장복 외, 『예배학사전』 서울 : 예배와 설교 아카데미, 2000

존 맥아더, 『이것이 참된 예배이다』 서울 : 나침반, 1989

한국대학생선교회, 『신앙생활의 성장을 위한 CCC 10단계 성경교재』, 순 출판사 2003

크래그 힐·얼 피츠 공저, 『그리스도인의 재정원칙』, 고양: 예수전도단, 2010

존 웨슬리의 일기

존 웨슬리의 설교